초등 1학년,
어떻게 시작할까

강하고 특별한 초등 1학년 만드는
슬기로운 엄마 생활
초등 1학년, 어떻게 시작할까

초판 1쇄 발행 | 2020년 01월 23일

지은이	강백향
펴낸이	허경희
디자인	A.u.H design

펴낸곳	한봄
출판등록	제 307-2012-2호
주소	서울시 성북구 한천로713 505-1004
문의전화	070-7584-8903
팩스	02-909-8901
카페	http://cafe.naver.com/hanspring
블로그	blog.naver.com/hbbooks
이메일	hbbooks@naver.com

ⓒ 강백향 2020
ISBN 978-89-97933-22-8 13590
값 15,000원

이 책은 저작권법에 따라 보호받는 저작물로 무단전제와 무단복제를 금지하며,
이 책의 전부 또는 일부 내용을 이용하려면 반드시 저작권자와 한봄의 서면동의를 받아야 합니다.

강하고 특별한 초등 1학년 만드는
슬기로운 엄마 생활

초등 1학년, 어떻게 시작할까

강백향 지음

프롤로그

엄마도, 아이도
함께 성장하는 1학년

최근 10여 년 동안 초등학교 1학년 담임을 계속했습니다. 1학년 담임을 하는 동안에는 힘들 때가 많아서 내년에는 꼭 다른 학년 담임을 하겠다고 결심합니다. 그런데 학년 말 아이들과 헤어질 때면, 또다시 1학년 담임을 하겠다고 신청하게 되더군요. 1학년은 성장이 가장 많이 보이는 학년입니다. 덕분에 고생도 크지만, 상대적으로 보람은 더욱 큽니다.

    아이들과 보내는 시간은 교사에게도 성장의 시간입니다. 아이들을 더 많이 이해하려고, 더 많이 살펴보려고, 더 많이 들어 주려고 노력해야 한다는 결심을 끊임없이 합니다. 그런 선생님의 마음을 아이들은 시간이 지나면서 알게 됩니다. 서로 마음이 통하는 시간이 쌓이면서 어느 순간부터는 마치 저절로 굴러가는 바퀴처럼 교실의 모든 순간이 자연스럽게 굴러가지요. 가끔 벗어나는 아이도 있고 먼저 달려가려는 아이도 있지만, 함께 가는 것이 더욱더 즐겁다는 것을 아이들도 곧 깨닫습니다.

학교생활이 즐거운 아이는 집에서도, 어디에서도 즐겁습니다. 좋은 에너지를 가진 아이는 친구들에게도 그 힘차고 밝은 기운을 잘 전파합니다. 오랫동안 1학년 담임을 하면서 여러 방면에서 바람직한 모습을 보이는 훌륭한 아이들을 보았습니다. 반면, 다양하고 복잡한 문제를 가진 안타까운 아이들도 만났지요. 그들의 공통점과 차이점을 늘 생각하면서 어떻게 하면 이 중요한 시기인 초등학교 1학년을 슬기롭게 보내도록 도와줄 수 있을지 고민했습니다. 그 수많은 고민을 이 책에 풀어놓았습니다.

이 책에서는 초등학교 1학년 담임교사를 하며 만났던 다양한 사례를 통해 어떤 문제를 인식해야 하는지, 어떤 가치관으로 양육해야 하는지, 아이들이 어려움에 부닥쳤을 때 어떻게 준비하고 도와주어야 할지 철저하게 초등학교 1학년 학부모의 관점으로 살펴보았습니다. 1학년 엄마가 처음으로 학부모가 되면서 어떤 방향을 바라보고 첫발을 내디뎌야 하는지 도움을 드리고 싶습니다. 신념을 가진 엄마는 흔들리지 않는 마음으로 우리 아이를 지켜줄 수 있습니다. 엄마의 마음을 알고 있다면 아이도 조금씩은 흔들리지만 씩씩하게 발걸음을 함께 할 것입니다.

초등 1학년 엄마도, 초등 1학년 아이와 함께 성장하는 1년이 될 것입니다. 소중하고 사랑스런 아이를 통해 엄마가 바라보는 세상도 더욱 넓어질 것입니다. 너무 잘하려고, 앞서가려고 애쓰기보다 우리 가족의 바퀴가 순조롭고 유쾌하게 잘 굴러가도록 아이와 발을 맞추세요. 슬기로운 초등학교 1학년의 시작입니다.

강백향

차례

프롤로그 006
엄마도, 아이도 함께 성장하는 1학년

1장

강하고 특별한 초등 1학년, 어떻게 시작할까 014
- 초등 1학년이 달라지고 있다 • 스마트폰에 익숙한 아이들
- 엄마의 뚜렷한 교육관이 중요하다

01 초등 1학년 우리 아이 이해하기 018
- 학교는 공동체 의식의 시작점 • 초등 1학년의 하루 • 초등 1학년 고민 1위는 친구
- 남학생과 여학생 • 디지털 시대의 초등 1학년 • 초등 1학년의 뇌 발달
- 초등 1학년의 언어 발달 • 초등 1학년의 사회성 발달 • 초등 1학년의 스트레스

02 엄마는 무엇을 해줄 수 있을까 033
- 흔들리지 않는 뚝심이 필요하다 • 정말 사회성 좋은 아이로 키우고 싶은가
- 아이와 눈 맞추기 • 조기 교육은 인성 교육으로

- 초등 1학년의 마음을 읽는 방법 10가지 • 미래를 위해 준비할 역량 5가지
- 엄마는 선생님이 아니다

03 뚝심 있는 선배 엄마들의 선택　048

- 초등 1학년은 무조건 책읽기 • 스마트폰 사용 규칙이 있는가
- 학원 걱정보다는 책 읽는 엄마 • 작은 실패와 회복 탄력성
- 잘 노는 아이가 공부도 잘한다 • 공부 습관 들이는 하루 루틴 정하기
- 우리 아이 강점 찾기

BONUS PAGE　066

① 초등 입학 전에 준비할 것들
② 학교생활이 궁금하다

2장

초등 1학년을 공감하는, 슬기로운 엄마 생활 ⊙72
- 똑같은 1학년? • 따뜻하고 섬세한 보살핌이 답이다 • 매일 칭찬해 주기

⊙1 마음이 튼튼한 초등 1학년 되는 비결 ⊙76
- 자존감 높은 아이, 노력하는 과정 알아차려 주기_(자존감 높이는 법)
- 자신감 회복의 첫걸음, '넌 할 수 있어' 믿음 가득한 시선 보내기_(자신감 회복하는 법)
- 소극적인 아이, 작은 성공 경험 쌓기_(소극적인 아이 도와주는 법)
- 화 잘 내는 아이, 화내는 진짜 감정 깨닫기_(화 다스리는 법)
- 마음대로 하며 떼쓰는 아이, 부족하거나 넘치지 않게 제한하기_(마음 다스리는 법)

⊙2 사회성이 좋은 초등 1학년 되는 비결 ⊙95
- 친구와 어울리지 못하는 아이, 풍부한 놀이 경험 갖기_(친구 사귀는 법)
- 자기표현 못하는 아이, 자투리 시간 꾸준히 대화하기_(의사 표현 잘하는 법)
- 친구를 차별하는 아이, 나와 남이 다름을 인정하기_(누구와도 잘 지내는 법)
- 부끄러움 많은 아이, 따듯하게 호응해 주기_(부끄럼쟁이 도와주는 법)
- 배려 넘치는 아이, 생활에서 모범 보이기_(배려하는 법)

03 학교생활에 잘 적응하는 초등 1학년 되는 비결 114

- 스스로 하는 아이, 책가방도 들어 주지 않기_(주도성 키우는 법)
- 넘어졌을 때 일어서는 힘, 심미적 경험 쌓기_(회복 탄력성 높이는 법)
- 스스로 공부하는 아이, 관심 있는 것 발견하기_(자기 주도 학습력 높이는 법)
- 글자 쓰기 싫어하는 아이, 쪽지 편지부터 자주 써 보기_(한글 공부하는 법)
- 학교에 적응 못하는 아이, 공동체 규칙 수용하기_(학교생활 적응하는 법)

BONUS PAGE 132

③ 학교 폭력이 불안한 엄마들
④ 꼭 익혀야 할 기본 생활 습관
⑤ 학교 상담은 어떻게 할까
⑥ 정서 행동 발달 검사란 무엇인가

3장

초등 1학년, 공부 닻을 올려라 138
- 학교 공부 무엇을 준비할까 • 외적 동기와 내적 동기 • 놀이를 통해 단련되는 능력

01 초등 1학년 공부, 습관을 만드는 것이 전부다 142
- 선행 학습보다는 공부 습관 • 우리 아이의 학습 능력 알기
- 매일 실행 가능한 계획 세우기 • 주간 학습 체크하기 • 배우는 기쁨을 알게 하기
- 창의적인 생각은 경험에서 나온다 • 받아쓰기 결과보다는 과정을 격려하라
- 바르고 정확한 문장으로 대화하기

02 스스로 공부하는 초등 1학년 만드는 비결 154
- 충분한 한글 해득이 필요하다 • 1학년 국어: 듣기, 말하기, 읽기, 쓰기의 유기적 통합
- 1학년 국어 공부, 이 정도면 충분하다
- 1학년 수학: 수학적 소양과 문제 풀이 능력 • 놀이로 배우는 수학이 중요하다
- 1학년 수학 공부, 이 정도면 충분하다
- 경험을 지식으로 연결하는 통합 교과 • 1학년 통합 교과 준비, 이 정도면 충분하다
- 그리기와 만들기로 표현하는 1학년의 창의력 • 가위질과 종이접기의 중요성
- 동화책으로 시작하는 영어 • 1학년 영어 공부, 이 정도면 충분하다
- 1학년의 글쓰기 단계 • 1학년 글쓰기, 이 정도면 충분하다

03 책읽기 기초 다지는 초등 1학년 만드는 비결 183

- 더 읽어 주세요 • 스스로 읽는 힘을 길러라 • 그림책 읽기와 집중력
- 책읽기 습관, 매일 15분 책읽기 • 매일 15분 책읽기 프로젝트
- 잠자기 전 15분 책읽기 프로젝트 • 스스로 책 고르기도 연습하면 된다
- 책 읽고 이야기 나누기 • 1학년 독후 활동, 이 정도면 충분하다
- 좋아하는 주제 찾아 읽기 • 좋아하는 작가 찾기 • 1학년이 좋아하는 작가의 책
- 서로 책 읽어 주기 프로젝트 • 두꺼운 책읽기 프로젝트
- 1학년이 읽으면 좋은 두꺼운 책
- 1학년이 읽으면 좋은 책_남학생이 좋아하는 책·여학생이 좋아하는 책
- 1학년의 주제별 책 • 1학년의 국어 교과 관련 책
- 1학년의 통합 교과 관련 책 • 8~9세를 위한 추천 도서

BONUS PAGE 224

⑦ 학원 선택, 기준을 세워라
⑧ 수행 평가 내공 기르기
⑨ 학교 도서관 활용하기
⑩ 도서관에서 빌린 책 기록하기

에필로그 228

슬기로운 초등 생활을 응원합니다

초등 1학년, 어떻게 시작할까

강하고 특별한 초등 1학년,

어떻게 시작할까

01. 초등 1학년 우리 아이 이해하기
02. 엄마는 무엇을 해줄 수 있을까
03. 뚝심 있는 선배 엄마들의 선택

초등 1학년이 달라지고 있다

최근 십여 년 동안 초등 1학년 담임을 하면서 실감합니다. 아이들이 그리고 부모님들이 달라지고 있습니다. 부모의 삶을 내놓고 자식을 위해 모든 걸 쏟아붓는 시대가 아닌 거죠. 자녀 양육은 부모가 함께, 국가가 함께 해야 한다고 여기는 시대가 왔습니다. 실제로 요즘 1학년들은 태어나면서 육아 수당을 받고, 돌봄 서비스를 받은 아이들입니다. 아기 때부터 사회생활을 시작했고, 해가 질 때면 집으로 돌아옵니다.

학교도 달라지고 있습니다. 요즘 1학년은 받아쓰기도, 일기 쓰기도, 평가도 없습니다. 몇 해 전만 해도 아이들은 1학기 말이 되면 그림일기를 척척 쓰고, 문장이 나오는 평가 문제를 해결했습니다. 대부분 문제 풀기가 익숙하지 않은 1학기에는 점수 받기가 어려웠으나, 2학기가 되면 글씨가 꽉 찬 수학 평가 20문제도 한 시간 안에 거뜬하게 풀었지요.

그러나 요즘 1학년은 이런 평가가 없습니다. 교사별 상시 평가로 수업 시간에 바로 수행 가능한 과정을 평가합니다. 물론, 초등 교과 과정이 모두 이렇게 바뀌었습니다. 그래서 이전의 지필 평가 방식은 아예 접근하지 않습니다. 아이들 입장에서는 당연히 놀이 중심과 인지 경험을 넓혀 주는 수업 시간이 부담스럽지 않고 즐겁습니다. 평가 방식의 변화는 수업은 물론 사교육에도 영향을 줍니다. 학교에서 부족한 부분을 사교육으로 해결하는 경우가 있으니까요.

스마트폰에 익숙한 아이들

초등 1학년 아이들도 학급의 절반은 스마트폰을 가지고 있습니다. 방과 후 이런저런 학원을 오가다 보니 주로 부모님과의 연락을 위해 필요합니다. 부모님 대부분은 아이의 스마트폰 사용 시간을 걱정합니다. 이미 통제를 못 하는 경우도 많습니다.

　부모와 함께 보내는 짧은 저녁 시간 아이들도, 엄마도, 아빠도 스마트폰을 붙잡고 있는 것이 어느 가정에서나 흔한 일입니다. 유아기부터 스마트폰에 익숙한 1학년 아이들은 혼자서도 얼마든지 유튜브를 구독할 수 있을 정도로 능숙합니다. 부모님도 마찬가지입니다. 누구나 특별히 중독은 아니어도 절대적인 사용 시간이 많아지고 있습니다. 집안에서도 휴대폰을 들고 다니는 정도로 말이죠. 아직 성장하고 있는 어린아이들의 뇌 발달에 어떤 부정적인 영향을 미치는지 누구나 다 알지만, 점점 더 통제가 어려워지는 시대입니다.

엄마의 뚜렷한 교육관이 중요하다

아이를 어떻게 키워야 할지, 초등 1학년 엄마들에게 무슨 이야기를 하면 좋을지에 대해 여러 선생님께 질문했습니다. 아이를 좀 더 멀리 보고 키우면 좋겠다는 말이 가장 많았습니다. 당장의 조급함은 도움이 되지 않는다고요. 그렇다면, 불안을 줄이려면 어떻게 해야 할까요?

　엄마의 뚜렷한 교육관이 중요합니다. 아이의 마음을 살펴보는 것부터 출발하는 교육관이어야 합니다. 행여 타인에게 마음 다칠 것을 걱정하기보다 건강하고 튼튼한 마음을 가진 아이로 키우는 것을 우선으로 해야 합니다. 무엇보다 어떤 것에도 변하지 않는 뚝심이 필요합니다.

　어떤 학부모가 되고 싶은지 질문해 보세요. 무언가 더 특별하고, 독창적인, 그러면서도 따뜻하고 푸근한 엄마가 되고 싶지 않으신가요? 아직 확실하지 않다면 지금부터 만들어야 합니다. 이제 첫발을 내디딘 12년 학부모 역할의 시작이기 때문입니다. 강하고 특별한 초등 1학년, 어떻게 시작할까요?

01

초등 1학년 우리 아이 이해하기

학교는 공동체 의식의 시작점

입학식 날, 학급별로 자리를 찾아 줄을 서는 것부터 초등 1학년의 공동체 생활은 시작됩니다. 첫날 어떤 아이들은 긴장감으로 몸이 얼어 있고, 어떤 아이들은 기대감으로 생글생글하고, 어떤 아이들은 숙연함을 참지 못하고 장난을 치고 소리를 지르기도 합니다. '이렇게 다른 아이들이 새롭게 만났구나.'라는 생각을 하며 아이들을 맞이합니다. 유치원과 다른 점이기도 하지요. 더 많은 인원수가 돌봄의 차원이 아니라 학습의 차원으로 학교생활을 시작하는 것이지요.

학부모님 입장에는 우리 아이 한 명이 눈에 보입니다. 그런데 담임교사의 눈에는 우리 반 모든 학생이 동시에 보입니다. 거기서부터 관점의 차이가 시작되는 것 같습니다. 교사는 여러 아이를 동시에 보면서 그들을 하나의 수업에 참여하게 합니다. 당연히 아이들은 차이를 가지고 있고, 개성은 존중받아야 하지만 공동체에서는 서로를 배려하고 이해하는 것을 우선으로 할 수밖에 없습니다. 그래서 선생님이나 다른 친구가 말할 때는 기다리고 들어 주어야 하며, 교실이나 복도에서는 큰 소리를 지르거나 뛰면 안 되는 것이지요. 이것부터 잘 안 되는 아이들이 참 많습니다. 이런 시스템에 적응해야 하는 것이 학교생활의 시작입니다.

입학하고 3월 한 달 동안은 입학 적응 활동을 합니다. 학교 안내, 학교생활 연습부터 생활 안전까지 반복적으로 익히지요. 배려와 협동이라는 덕목도 누누이 강조됩니다. 대부분의 학생은 유치원 생활을 오래 해서 단체 생활에 대한 규칙을 잘 알고 있고, 실천도 잘합니다. 물론, 학습의 기초가 되는 그리기와 만들기, 놀이터에서 놀기 같은 수업도 병행합니다. 수업 시간 40분 동안 계속 자리에 앉아 있기가 힘들기 때문에 율동이나 게임을 하고, 실내 놀이나 운동장 놀이도 합니다. 학교에 대한 두려움을 줄이고 적응하는 기간이지요.

초등 1학년의 하루

등교 시간은 9시입니다. 보통 8시 50분을 전후로 아이들이 학교에 도착합니다. 교실에 가방을 놓고 친구들을 만나 이야기도 하고, 장난도 좀 합니다. 부지런한 친구들은 도서관에 후딱 다녀오지요. 어제 읽었던 책을 반납하고, 새로운 책을 대출합니다. 주로 학교에 일찍 오는 친구들에게는 아주 자연스러운 루틴입니다. 늦게 오는 아이들은 도서관에 다녀올 시간이 부족하지요. 그런 경우 1교시 끝나고 다녀오기도 합니다.

수업이 9시에 시작되고, 40분 동안 1교시를 합니다. 대부분 1학년은 이 시간에 아침 인사를 나누고, 보통 국어 수업을 합니다. 우리 반에서는 '15분 책읽기'와 선생님이 '책 읽어 주기'를 합니다. 그런 뒤 자연스럽게 국어 교과와 연계된 수업으로 넘어가지요. 1학기 중반이 지나면 글씨 쓰기 공부도 합니다.

쉬는 시간이 되면, 화장실에도 다녀오고, 물을 먹고 오기도 합니다. 학급에 따라 우유 급식도 합니다. 우리 반에서는 '자유롭게 놀기'를 합니다. 교실 앞 책꽂이 위에 1학년 눈높이에 맞는 블록이나 젠가, 구슬 꿰기, 컵 쌓기 같은 여러 가지 놀잇감을 두고 짧지만 열심히 놀게 합니다. 처음에는 이 놀잇감으로만 놀지만, 시간이 지나면서 다양한 놀이를 개발하고, 그림 그리기나 만들기도 하며 쉬는 시간을 활용합니다. 2교시까지 국어 수업을 마치고 다시 쉬는 시간, 학교마다 다르지만 요즘은 '중간 놀이' 시간을 두는 경우가 많습니다. 20분 정도 놀 수 있지요. 학급이나 학교에 따라 운동장 놀이도 합니다.

3, 4교시 수업을 이어서 하는데, 주로 수학과 통합 교과를 합니다. 4교시가 끝나면 급식을 하고, 남는 시간은 다시 놀이 시간입니다. 요즘은 수업 시간이 늘어서 1학년 1학기 3월 말부터 주 3회 5교시 수업을 합니다. 주로 창

의적 체험 활동 수업이나 통합 교과 수업을 합니다.

5교시까지 모두 마치면 아이들은 저마다의 일정에 따라 움직입니다. 돌봄 교실, 방과 후 활동, 학원으로 나누어지지요. 집으로 하교하는 경우에도 다시 학원으로 가게 되겠지요. 대부분의 아이가 저마다의 일정을 소화하고 나면 5~6시 정도에 집으로 갑니다. 이렇게 매일매일 하루를 보내는 아이들이 교사 입장에서는 참 안타깝습니다. 학교에 다녀와서 간식을 먹고 좀 뒹굴뒹굴하면 좋을 텐데, 그런 아이들은 별로 없는 것 같습니다. 아이들은 스케줄 사이사이 틈나는 대로 군것질을 하고, 스마트폰을 합니다. 어른과 똑같은 사회생활을 이미 초등 1학년부터 하는 셈이지요.

초등 1학년 고민 1위는 친구

설문 조사에 의하면, 초등 1학년 아이들의 가장 큰 어려움은 친구입니다. 아이가 학교에 가기 싫다고 한다면, 친구 문제일 가능성이 가장 큽니다. 여러 친구들과 잘 어울려 놀고 싶은 것이 솔직한 마음이죠. 그런데 그것이 쉽지 않습니다. 친구들과 사이좋게 잘 놀기, 엄청 어려운 일이기 때문입니다.

1학년 초기에는 활달한 성격에 자기주장이 뚜렷한 아이들이 친구를 잘 사귀는 것처럼 보입니다. 그러나 시간이 지나면서 아이들의 정체는 바로 드러납니다. 욕심 많고 이기적인 친구들은 기피하게 되지요. 예를 들면, 블록 놀이나 말판 놀이 같은 경우 순서를 정하고 차례대로 해야 하는데, 그 규칙을 못 지키는 아이들이 의외로 많습니다. 쉬는 시간마다 이런 문제 상황이 반복되다 보면 내가 누구하고 놀아야 즐거운지 아이들은 스스로 판단하게 됩니다.

친구들과 규칙을 정해서 놀이를 잘하는 아이는 친구가 늘어나고, 학교가 즐겁습니다. 학교생활의 모든 것은 바로 친구에게 달렸습니다. 자기 마음대로만 해서는 안 된다는 것을 잘 알고, 조절할 줄 아는 아이 곁에는 늘 친구들이 있습니다.

학부모님들은 대개 우리 아이에게 친구가 없으면 다른 아이들이 왜 놀아 주지 않을까를 걱정합니다. 혹시 왕따를 당하거나 피해를 보는 것은 아닌지 신경 쓰이지요. 그런데 교사 입장에서 살펴보면, 모든 관계에는 이유가 존재합니다. 대부분 상호의 문제이지요. 잘하고 잘못하고를 떠나서 아이들끼리 서로 맞추어 가는 시간이 필요하고, 그 시간을 기다려 주어야 합니다. 친구들과 원만한 관계를 유지하면 아이는 학교 가는 것이 매일매일 즐겁습니다.

남학생과 여학생

초등 1학년 남학생과 여학생의 차이는 무척 흥미롭습니다. 뇌 구조의 성차는 태아기 때 안드로겐이라는 호르몬의 작용 여부에 따라 달라집니다. 일반적으로, 여자는 측두엽이 더 커서 언어 발달이 빠르고, 후두엽의 연결 회로도 커서 시각적 기능이 뛰어납니다. 눈썰미라고도 하지요. 남성 호르몬인 테스토스테론이 감정을 읽는 능력을 방해한다는 연구 결과처럼, 여자는 타인의 감정 공감 능력도 더 높습니다. 반면, 남자는 오른쪽 두정엽이 더 커서 설명서를 이해하고 난해한 조립을 더 잘합니다. 논리적이고 공감각적 지능이 더 발달한 것도 그런 차이입니다.

남학생은 잘 어지르거나 주위가 지저분해도 신경 쓰지 않습니다. 시끄러운 소리를 내고, 많이 움직이고, 소란스럽게 하면서 변화를 일으키는 것을 좋아합니다. 또 남학생은 줄을 잘 서지 못합니다. 자기 자리를 알려 주어도 금세 헷갈립니다. 그래서 첫날 남학생 먼저 줄을 세우고 옆으로 여학생을 세워서 짝꿍을 만듭니다. 그러고 나서 다시 줄을 세우면 대부분의 여학생이 짝꿍 남학생을 정확하게 찾아냅니다. 물론, 모두가 그런 것은 아닙니다. 자기 자리를 끝내 모르는 여학생도 있고, 정확하게 잘 찾는 남학생도 있습니다. 그렇지만 대부분의 남학생은 아직 서툽니다. 사물함이나 책상 서랍 정리는 물론이지요. 그래서 1학년 선생님들은 자주 정리하는 법을 가르치고, 반복해서 체크하지요. 이런 장면에서 유독 힘들어하는 경우는 남학생들입니다. 대부분의 여학생은 깔끔하게 정리를 잘하는 편입니다.

남학생들은 친구가 되는 과정에서 몸으로 부딪치는 시간이 필요합니다. 아마도 보이지 않는 서열을 맞추는 것이겠지요. 그렇다고 레슬링을 해서 결정하는 것은 아닙니다. 유독 싸움이 많은 친구는 그런 서열이 결정 나지 않는 경우겠지요. 그런데 시간이 지나면서 싸우지 않고도 우위에 있는 친구들이 생겨납니다. 결국, 인성으로 서열은 결정되거든요.

여학생들은 대체로 선생님이 이야기할 때 잘 듣는 편이고, 남학생들은 장난도 많고 집중하는 시간도 짧은 편입니다. 따라서 수업 시간이나 쉬는 시간에 지적받는 경우 남학생이 더 많은 것도 사실입니다.

SBS 스페셜 〈속 터지는 엄마, 억울한 아들〉 편에서는 엄마들 1,000명을 대상으로 설문 조사한 결과, 아들 키우는 것이 힘들다고 한 엄마가 무려 응답자의 86%에 달했습니다. 심지어 84%의 엄마가 아들을 키우면서 우울감을 경험했다고 합니다. 여자인 엄마는 아들을 이해하기 위해 조금 더 노력이 필요한 것이 사실입니다. SBS 스페셜에서도 결론으로 훈육보다는 소통을 제시했습니다.

아들을 키울 때는 신체 놀이와 대화 놀이의 균형이 필요합니다. 아들이라고 신체 놀이만 할 것이 아니라 놀이 과정에서 대화와 소통에도 집중해야 합니다. 어휘 게임이나 말판 놀이처럼 대화의 실마리가 되는 기회를 만드는 것도 필요하겠지요. 또한, 산만하다고 야단치기에 앞서 시각적 자극에 취약한 남자아이의 특성을 이해하고, 시각적으로 유혹에 빠질만한 물건들은 미리 치워서 집중할 수 있는 환경을 만들어 주는 것이 효율적입니다. 이처럼 남학생과 여학생의 다름을 인정하고 특성에 맞는 대화와 소통이 필요합니다.

디지털 시대의 초등 1학년

요즘 아이들은 태어나서부터 디지털 시대입니다. 부모 세대와는 다르지요. 디지털 네이티브라고도 합니다. 디지털 문법을 공부해서 해득하는 것이 아니라 자연스럽게 감각적으로 알게 된다는 뜻이지요. 접근성이 뛰어난 스마트폰은 더욱더 그렇습니다. 이것저것 눌러 보고 반응하는 것에 따라 아이들의 관심이 옮겨 가지요. 어렵지 않게 디지털 이해력이 생깁니다.

그렇다면, 태어나 보니 이미 디지털 시대인 아이들은 앞으로 어떤 능력이 필요할까요? 무조건 창의력입니다. 주어지는 정보와 지식, 콘텐츠는 무한합니다. 이것을 바탕으로 자신을 표현할 수 있어야 합니다. 인터넷상에서는 누구나 평등하게 클릭만으로 많은 정보와 지식을 얻을 수 있습니다. 그러나 이를 바탕으로 무엇을 생산해내느냐는 차이가 생길 수밖에 없습니다. 그 차이를 읽을 수 있는 것이 디지털 문해력의 차이입니다. 그래서 변함없이 중요한 능력은 창의력이며, 창의력이 폭발하는 초등 1학년은 창의력 발달을 위해 힘써야 하는 적정 시기입니다. 초등학교를 입학하기 전에 형성된 뇌 발달이 비로소 학습과 연결되면서 자신만의 표현이 가능해지기 때문입니다.

요즘 아이들은 스마트폰에서 벗어나지 못하는 경우가 많습니다. 학부모님 상담의 대부분이 스마트폰 사용을 제한하는 것이 가장 어렵다고 합니다. 이는 아주 최근의 현상입니다. 불과 몇 년 전만 해도 1학년의 휴대폰 소지가 학급에서 20~30%로 낮았는데, 최근에는 60~70% 정도로 높아졌습니다. 휴대폰이 이제는 필수 생활용품이 되었지요. 태어나면서부터 휴대폰 영상을 많이 보았던 아이들이니 이제까지와는 다른 지도 방법이 필요하다는 생각이 큽니다. 이 아이들의 사고 과정은 아무래도 지금까지와 분명 차이가 있을 것이기 때문입니다.

아이들은 디지털 작동 이해력을 가르쳐 주지 않아도 아주 능숙하게 익힙니다. 학교에서는 건강한 방향으로 발전을 기대하며 고학년에서 코딩 수업을 시작했습니다. 그런데 스마트폰은 이런 논리적 학습과는 다른 방향에서 문제가 됩니다. 즉각적인 현상에만 바로 반응하는 뇌가 된다는 것입니다. 스마트폰의 강하고 빠른 자극에 익숙해진 뇌는 점점 천천히 생각하고 읽고 쓰는 느린 자극에는 반응하지 않게 되지요. 즉, 책읽기와 공부는 당연히 싫어하게 됩니다. 뇌의 고차원적 사고를 담당하는 전두엽에서 텍스트를 처리할 시간을 주지 않음으로 적극적인 두뇌 활동을 방해합니다. 다양한 경험을 바탕으로 하는 뇌 발달이 저해되는 바람에 아이들의 정서적, 인지적 태도 면에서 많은 문제점이 나타납니다.

　최대한 스마트폰 사용을 늦춰야 하며, 다양한 체험을 하면서 소양을 갖추는 것이 가장 필요합니다. 요즘 중요하게 인식되는 디지털 문해력의 기초 역시 정서적 안정과 자기 조절 능력, 창의력을 키워 주어야 주체적으로 발현되기 때문입니다.

초등 1학년의 뇌 발달

종이접기를 하면 아이들의 발달 정도가 잘 보입니다. 물론, 다른 능력은 뛰어난데 종이접기만 어려워하는 경우도 있습니다. 이것은 경험 부족이겠지요. 그런데 종이접기를 어려워하는 아이들은 대부분 다른 학습도 힘들어합니다. 그림을 그려도 얼굴에서 팔과 다리가 나오는 두족인을 그리지요. 기본 색칠하기도 어려워합니다. 친구들과 놀 때는 장난감을 무조건 소유하려고 하고, 운동장 놀이에서는 규칙을 잘 이해하지 못합니다. 그러다 보니 소심한 친구들은 위축이 되고, 외향적인 친구들은 말썽꾸러기가 됩니다. 똑같은 연령의 아이들인데 왜 이런 차이가 생길까요? 잘 살펴보면 뇌 발달에 차이가 있음을 알게 됩니다.

　모든 종이접기의 시작은 반으로 접기입니다. 여기부터 못 하는 아이들이 있습니다. 처음 몇 번은 선생님이 접어 주고, 나중에는 친구들이 접어 주지요. 그러다 보면 잘하지 못하는 아이들도 시간이 지나면서 잘하게 됩니다. 그런데 계속 안 되는 아이도 있습니다. 반 접기부터 어려우니 다음 단계로 나가기는 더욱더 어렵지요. 그런 경우, 집에서 부모님과 종이접기를 연습하라고 권합니다. 학교에서 하는 수많은 활동 가운데 종이접기 같은 경험은 집에서 쉽게 도전할 수 있기 때문입니다. 물론, 특수 학급 학생 중에 모든 학습이 안 되는데 종이접기만 뛰어나게 잘하는 경우도 있습니다.

이런 사례들을 보면서 아이들의 뇌 발달 정도가 서로 얼마나 차이가 나는지 1학년 담임을 하면서 점점 깨닫게 됩니다. 기본 능력의 시작점부터 어떻게 다른지 알 수 있기 때문이지요. 학자들에 의하면, 기본적으로 인간의 뇌 발달은 0~3세에 대부분 이루어지며, 4~6세에 적정한 자극을 주면 인지적, 정서적 뇌 발달이 정상적으로 이루어진다고 합니다. 6세에서 초등 5학년까지는 모든 이전의 발달을 기반으로 자리를 잡아 가는 과정이고요. 그래서 초등 1학년 시기는 정말 중요합니다.

초등 1학년의 언어 발달

5세가 되면 보통 글자와 글쓰기에 관심을 두고, 특별히 가르치지 않아도 자기 이름 정도는 쓸 수 있습니다. 학령기 즉, 8세에는 적절한 요구 표현과 관용적 표현에 대한 이해도 발달하지요. 자연스럽게 의사소통 능력이 생깁니다. 예를 들면, 이야기에서 제시하는 사실 이해를 바탕으로 정서나 인과적인 추론, 충분하지 않은 정보에 대한 추론까지도 가능하지요. 따라서 이 시기의 의사소통 능력은 어휘력이 갖추어진다면 더욱 활성화됩니다.

언어 발달은 모든 학습의 기초가 됩니다. 정서적인 자극이 주인 유아기에는 이미지를 관장하는 우뇌가 발달하고, 초등 1학년부터는 언어를 관장하는 좌뇌가 본격적으로 발달합니다. 그래서 좌뇌를 자극하는 학교 공부가 가능합니다. 단체 생활을 통해 지식과 정보를 효율적으로 학습할 수 있지요. 따라서 유아기에 적절한 스킨십과 부모와의 상호작용으로 놀이와 경험이 축적되었다면, 우뇌는 안정적으로 발달하며, 균형을 맞추기 위해 좌뇌도 순조롭게 발달합니다. 문제는 유아기 자극의 차이라고 할 수 있습니다. 우뇌 기능이 떨어지면 단체 생활이 어렵습니다. 자연스러운 언어 발달도 안 되겠지요.

요즘은 대부분의 아이가 한글 습득이 되어서 입학합니다. 다만, 언어 이해력이 아직 미숙한 것은 당연합니다. 글자는 알고 있어도 의미를 파악하며 쉽게 읽어 내기까지는 그만한 시간이 필요합니다. 보통의 아이들은 1학년 1학기에 이런 과정을 통과하며 스스로 읽고 쓰고 말하기가 자연스러워집니다. 그래서 1학기 말에는 스스로 그림일기 쓰기가 가능해집니다. 그림일기는 언어 발달의 총체를 단적으로 보여 주는 단계입니다. 하루 동안의 일을 기억하고, 그중에 한 가지를 선택해서 일어난 일을 기록하고, 자기 생각을 글로 씁니다. 간단하게 그림으로도 표현합니다. 처음부터 완성도가 높지 않아도 반복해서 연습하다 보면 대부분의 아이는 잘 해냅니다. 심지어 친구들의 그림일기를 나누어 읽으며 서로 배우기도 합니다. 그러면서 더욱 적절한 소재를 선택하고 솔직한 감정을 드러내며 글 쓰는 매력을 알게 되지요.

그러나 이 모든 과정이 어려운 친구들도 많습니다. 첫째 한 가지 일깃감을 고르기부터 망설이는 경우, 둘째 글자를 못 쓰는 경우, 셋째 일어난 일을 요약하지 못하거나 주제에서 벗어나는 이야기를 쓰는 경우, 넷째 자기 생각을 쓰기 어려워하는 경우까지 다양합니다. 이런 경우, 어느 단계에서 어려움을 겪는지 파악하고 도움을 줘야 합니다. 글씨 쓰기가 미숙해도 쓸거리를 결정한 경우는 선생님이 글자를 알려 주어 완성하게 합니다.

1학년을 마칠 때까지 정상적인 언어 발달에 어려움을 겪는 아이들도 있습니다. 요즘은 확률적으로 더 늘고 있다고 판단합니다. 디지털 네이티브들이지요. 영상 자극에는 쉽게 반응하지만, 이렇게 고난도의 사고 과정을 거치는 활동에는 집중하지 못해서입니다. 이미 뇌 발달이 다 된 대학생들도 요즘은 난독이 많다고 합니다. 책을 읽지 못한다는 것이지요. 지금 초등 1학년 아이들은 그 폐해가 더욱 심해질 것 같습니다. 아이들의 건강한 언어 발달을 위해 더 많이 읽고 쓰고 생각하는 시간이 필요합니다.

초등 1학년의 사회성 발달

사회적 관계 맺기나 도덕성 발달에 필수적인 자기 통제는 전두엽의 작용이 있어야 가능합니다. 양쪽 전두엽 모두 정서적, 사회적 관계 맺기에 꼭 필요하지요. 최초로 전두엽이 활성화되는 시기는 생후 6~12개월 무렵으로, 기본 정서 발달과 주 양육자와의 애착이 절정을 이루는 시기입니다. 2세는 자아가 생기고, 3세가 넘어가면 차츰 또래 친구에게 관심을 보이며 사회성이 발달하지요. 5세부터 9세까지는 사회생활을 익히는 감수성 기술을 습득하게 됩니다.

1학년 1학기 초기에는 아이들이 저마다의 섬처럼 혼자 노는 경우가 많습니다. 학부모님들은 4월쯤에 하는 상담에서 아이의 단짝이 누구인지 알고 싶어 합니다. 단짝이 없다고 하면 속상해하고요. 그러나 어른들도 단짝 친구 만들기가 얼마나 어려운지 알 것입니다. 처음에는 활달한 아이 곁에 친구들이 많지만, 시간이 지나면 아이들은 신기하게도 자기와 맞는 친구를 찾아갑니다. 3, 4월의 친구가 2학기 되면 바뀌는 경우도 정말 많습니다. 같이 놀다 보면 더 마음이 잘 맞는 친구가 있지요.

요즘 초등 1학년의 사회성 발달은 예전보다 쉬워진 것이 사실입니다. 오랜 유치원 생활 덕분인 것 같습니다. 게다가 몸과 마음이 더 자라서 함께 할 수 있는 놀이도 다양해지고, 타인에 대한 이해와 공감 능력도 좀 더 커졌지요. 그래서 아이들은 쉬는 시간을 아주 좋아합니다. 요즘은 학교에서 놀이 교육을 중시하기 때문에 아이들은 이 시간을 통해 좀 더 마음에 맞는 친구들과 즐겁게 지낼 수 있지요.

아이들이 놀이하는 모습을 관찰하면, 사회성 발달의 차이도 극명하게 보입니다. 그룹을 형성해서 놀기 좋아하는 아이도 있고, 혼자 놀기를 좋아하는 아이도 있으며, 같이 놀고 싶지만 그게 마음대로 잘 안 되는 아이도 있지요. 누군가에게 먼저 다가가 놀자고 하는 아이도 있고, 누군가 다가와 놀자고 해야 노는 아이도 있습니다. 대부분 가지고 있는 기질이나 성격 차이입니다. 이전에 형성된 발달의 영역이 이미 고착된 것 같기도 합니다. 따라서 이러한 성격적 특성을 존중해 주는 일이 더욱 필요합니다. 억지로 친구를 많이 만들려고 하거나, 친구들에게 자신을 너무 맞추려고 애쓰다 보면 오히려 힘들어질 수 있습니다. 아이가 자신의 성격을 이해하고 친구들과 어울릴 수 있도록 해주세요. 학교에서 사회성 발달은 매우 중요합니다.

초등 1학년의 스트레스

초등 1학년 아이들의 스트레스는 무엇일까요? 관찰한 바로는 부모님 스트레스가 가장 큽니다. 아이들은 모든 관계를 부모님, 특히 엄마와의 관계에서 출발합니다. 엄마와의 애착 관계가 제대로 형성된 아이들의 안정감은 말할 수 없이 큰 차이를 보입니다.

첫째, 가정 내의 불화입니다. 서로 존중하고 이야기를 들어 주며 함께 경험하는 것이 많은 가정일 경우, 아이들은 긍정적이고 편안합니다.

둘째, 무슨 일이 생겼을 때 털어놓을 상대가 없는 경우입니다. 엄마와 편안하게 이야기할 수 있느냐가 중요합니다. 남학생들은 대부분 시시콜콜 이야기하지 않지만, 그래도 어려운 일이 있을 때는 엄마에게 털어놓을 수 있어야 하지요. 본인이 겪는 사회생활의 어려움이 분명히 있을 것입니다. 학교에서 아이들이 우는 경우가 있는데, 이야기를 들으면 대부분 억울한 경우입니다.

셋째, 엄마의 잔소리입니다. 아이들과 이야기하면 엄마를 사랑하지만, 잔소리할 때는 싫다고 합니다. 그렇다고 잔소리 없이 키운다면 아이들은 분명 괴물이 될 것입니다. 자아가 생기고 좋아하는 친구가 생기기 시작하는 시기에는 당연히 부모님과 의견이 다를 수 있지요. 잔소리는 짧게, 한 번만 하는 것이 바람직합니다.

넷째, 너무 엄격한 엄마입니다. 학교에서는 이런저런 이유로 거짓말하는 아이들을 자주 봅니다. 결국, 문제가 해결된 뒤에 보면 엄격하고 무서운 틀에 맞추려다가 뻔히 눈에 보이는 거짓말로 상황을 모면하려는 경우가 많습니다. '나는 아이를 버릇없이 키우는 사람이 아니다.'라는 신념이 과한 경우 아이들은 늘 스트레스를 받고 그 기준에 못 미치는 자신을 사랑할 수 없습니다.

다섯째, 적응 스트레스입니다. 요즘 1학년 아이들은 대부분 아침에 등교한 후 저녁 시간까지 일정이 꽉 차 있습니다. 학교에서 운영하는 방과 후 수업은 물론 예체능 학원에 학습지 정도는 기본으로 합니다. 이 시간 동안 아이가 만나는 사람들은 몇 명일까요? 학교 선생님과 학급 친구들, 방과 후 활동 선생님과 친구들, 저녁 시간 가족까지. 아이들은 이렇게 많은 사람을 만나 관계를 맺습니다. 아이들은 매우 힘들 것 같습니다. 그들과 좋은 관계를 맺기 위해 매일 노력할 테니까요.

 이 밖에도 아이들이 겪는 스트레스는 여건과 성격에 따라 정말 다양합니다. 아이의 스트레스에 신경 써 주세요. 앤서니 브라운의 그림책 《걱정 많은 빌리》가 있습니다. 빌리가 가는 곳마다 걱정 구름이 한가득 따라다니지요. 물론, 이 구름은 점점 커집니다. 그러다 한번 쏟아지는 빗줄기가 되어 구름이 터져 버립니다. 비를 흠뻑 맞은 빌리는 신나게 웃습니다. 이렇듯 걱정을 물리치는 마음도 가르쳐 주어야 합니다. 끌어안고 있어 봐야 해결되지는 않지요.

02 엄마는 무엇을 해줄 수 있을까

지금까지 초등 1학년 아이들에 대해서 알아보았습니다. 아이들은 기본적으로 어떠한 발달 단계를 거치고 있고, 시대적인 문제점은 무엇이며, 아이들은 무엇 때문에 힘들어하고 있는지도 살펴보았습니다. 그렇다면, 어떻게 해야 할까요? 무엇을 도와주어야 할까요? 엄마는 어떤 생각을 하고 있어야 할까요? 지금까지 학교에서 많은 아이들을 만나면서 멋진 부모님들도 많이 만났습니다. 그들의 공통적인 부분들을 정리해 보려고 합니다.

흔들리지 않는 뚝심이 필요하다

무엇보다 '뚝심'이 중요합니다. 요즘처럼 변화무쌍한 세상에서는 민첩한 정보력과 얼리어답터의 면모가 중요한 것처럼 보이지요. 정말 남들보다 더 많이, 더 빨리 알아야 하는 걸까요? 예를 들면, 코딩 교육이 뜨고 있으니 얼른 그 학원을 찾아보는 것이 중요한 걸까요? 제가 만났던 현명한 엄마들은 그 전에 아이와 좋은 관계를 유지하면서 내 아이 파악하기를 먼저 합니다.

이혼했다가 다시 결합하는 복잡한 과정을 거쳤던 한 어머님이 기억납니다. 상식적으로 생각하면 그 댁 아이는 얼마나 혼란스럽고 힘들었을까 싶습니다. 아이는 이리저리 상처받고 불안한 태도를 보였겠다고 짐작되지요. 그러나 전혀 반대였습니다. 이 아이는 밝고 건강했습니다. 이유는 부모의 문제를 아이가 자기 탓으로 생각하게 하지 않았고, 부모가 떠날 수 있다는 걱정을 하지 않도록 한 것이지요. 아이에게 솔직하게 어려움을 이야기했지만, 늘 엄마는 아이 곁에서 따뜻한 보살핌을 지속했고 아빠와도 자주 만나도록 하면서 정서적인 안정감을 주었습니다.

우리 반이었던 이 학생은 모든 아이가 좋아했습니다. 겨우 1학년인데도 이런 과정을 씩씩하게 잘 통과했습니다. 그 원인이 바로 엄마의 뚝심이라고 생각합니다. 아이에게 먼저 집중하는 마음, 바로 주변의 여건들에 휘둘리지 않는 것이지요. 엄마는 아이가 좋아하는 책을 같이 읽고, 아이가 원하는 방과 후 활동을 지원하고, 친구들과 어울리도록 모임을 만들어 주고, 주변 엄마들과도 적극적으로 소통했습니다. 초등 1학년의 중요성을 알고 뚝심 있게 아이를 지켜 주었습니다.

이 아이는 글쓰기와 그림 그리기도 탁월했습니다. 달리기도 잘하고 노래도 잘 부릅니다. 아마도 영아기 엄마와의 애착 관계가 잘 형성되어 있고, 유아기 적정 시기에 적절한 자극을 잘 받아서 고르게 발달한 것 같습니다. 물론, 이 아이의 장래도 밝아 보입니다. 리더십까지 보이기 때문이지요. 앞으로 이 아이가 살아갈 앞날이 무조건 순탄하지는 않겠지만, 어떤 어려움도 씩씩하게 잘 넘기면서 살아가리라 믿습니다. 그래서 뚝심 있는 엄마가 더욱더 훌륭해 보입니다.

인터넷 서점에서 책을 검색할 때 주로 하는 키워드는 바로 스테디셀러입니다. 요즘처럼 읽을 정보가 넘쳐나고 책도 많은 시대에는 오히려 무엇을 선택할지 결정 장애에 빠지기 때문입니다. 그래서 이런저런 정보로 넘쳐나는 시대에 뚝심은 더욱 중요한 가치입니다. 더구나 초등 1학년 학부모라면 이때의 판단이 얼마나 중요한지 깨닫게 될 것입니다. 아이의 상태를 잘 파악하고 아이에게 맞는 교육이 가장 현명한 방법입니다.

정말 사회성 좋은 아이로 키우고 싶은가

예전보다 요즘 어머님들은 공부보다 사회성 좋은 아이로 키우고 싶다는 말을 많이 합니다. 짐작으로는 크게 두 가지 속마음으로 짚어 볼 수 있습니다. 한 가지는 공부가 인생의 전부는 아니라는 생각이고, 다른 한 가지는 1학년인 지금은 사회성을 우선순위에 두는 것이 좋다는 생각입니다. 그렇지만 공부도 잘하면 더욱더 좋겠다는 마음이 바탕에 깔려 있습니다. 사실 모든 부모님의 마음입니다. 성격 좋다는 소리도 듣고 공부까지 잘하면 참 좋겠습니다. 어쨌든, 1학년 부모님들은 모두 사회성 좋은 아이로 키우고 싶다는 바람이 매우 큽니다. 사실 사회성은 정서 발달을 기본으로 하여 인지 발달을 디딤돌로 밟고, 도덕성 발달로 이어져 완성됩니다. 정서적으로 안정된 아이는 자연스럽게 도덕성을 갖춘 사회성 좋은 아이로 자란다는 것이지요.

도덕성은 사회성의 기본이라고 생각합니다. 6, 7세가 되면 타율적인 도덕성이 생깁니다. 단순한 규칙이나 질서, 약속 형태의 도덕성이 생기는 시기이지요. 이때는 지속적이고 단호하게 제재를 가해서 아이들이 기본적인 도덕성을 갖추도록 하는 것이 중요합니다. 유치원 시기의 아이들이 기본 생활 훈련이 잘되는 것도 바로 이 때문입니다.

학교에 입학하는 8세가 되면 자율적인 도덕성이 생깁니다. 하나의 규칙이 어떤 사정이나 사회 구성원의 동의에 따라 변할 수도 있다는 것을 알게 되는 시기이지요. 유치원 시기에 타율적인 도덕성을 제대로 갖추지 못한 아이들은 학교에 오면서 자율적인 도덕성에 대한 판단을 잘하지 못하고 더욱 혼란스러워합니다. 예를 들면, 급식 시간에 식판을 잘못 잡아서 음식이 쏟아졌습니다. 그러자 식판을 똑바로 잡지 않아서 그렇다고 뭐라고 하는 친구도 있지만, 바닥에 쏟아진 음식을 얼른 달려와서 같이 치워 주는 친구도 있습니다. 후자는 식판을 잘못 잡아서 쏟았지만, 실수라고 이해하고 도움을 주는 경우입니다.

이렇게 자율적으로 도덕적 판단을 훌륭하게 할 줄 아는 아이라도 칭찬받으면 더욱 잘하게 됩니다. 반면, 칭찬받기 위해 선생님이나 부모님에게 거짓말을 하는 경우도 있습니다. 죄책감보다는 당장 칭찬받고 싶은 욕구가 커지는 것이지요. 그래서 자율적인 도덕성이 부정적인 방향으로 사용되기도 합니다. 예를 들면, 칭찬을 듣기 위해 책을 다 읽지 않았지만 읽었다고 하는 것처럼 말입니다. 이 시기의 아이들은 권위자한테 칭찬받는 것을 무척 중요하게 생각합니다. 그러니 아이들이 잘못을 저질렀다면 그 이유를 묻고 이해하는 것도 필요합니다. 결국, 결과 중심의 칭찬이 아이들의 자율적인 도덕성을 오락가락하게 할 수도 있습니다.

사회성 좋은 아이의 기본은 도덕성입니다. 칭찬받기 위한 사소한 거짓말이나 규칙 위반이 결국은 자신보다 타인을 더 의식하며 사는 태도로 변하게 합니다. 기본 생활 규칙이나 대인관계에 대하여 더욱 정확하고 지속적인 지도가 필요한 까닭입니다.

아이와 눈 맞추기

그렇다면 사회성 좋은 아이, 도덕성을 갖춘 아이로 키우려면 어떻게 해야 할까요? 무엇보다 아이를 잘 파악하고 아이 마음을 잘 알아채야 합니다. 그렇게 되기 위해서는 아이와 눈 맞추기가 가장 쉽고 좋은 방법입니다. 특히, 남학생들은 눈을 맞추지 않고 이야기하면 자신에게 이야기하는 줄 모른다고 하지요. 눈을 맞추고 아이의 이야기를 들어 주는 것은 어렵지 않습니다.

우리 반에서는 '어제저녁 먹은 이야기 쓰기'를 자주 합니다. 1학년처럼 글쓰기가 자유롭지 않을 때는 말하기를 먼저 합니다. 표면적으로 같이 식사한 가족은 누구인지, 무슨 음식을 먹었는지 말하게 합니다. 그러나 속으로는 그 시간이 아이들에게 좋은 기억인지를 살펴봅니다. 함께 이야기 나누고 서로의 마음을 살피고 격려하는 시간이 되는지 말입니다. 아이들은 이런 구체적인 상황을 물어보면 매우 솔직해집니다. 칭찬을 목표로 하지 않기 때문이지요. 아빠가 요리해 주었다든지, 요리해 주신 할머니께 고마움을 표한다든지 하면서 아이들은 어제저녁 먹은 이야기를 부담 없이 합니다. 눈을 맞추고 이야기하는 가정이 이때 다 보입니다.

글자를 읽을 수 있는 1학년이지만, 책을 읽어 주는 부모님도 많습니다. 이 시간은 아이들과 눈을 맞추고 이야기할 수 있는 시간입니다. 아이와 만나는 저녁 시간, 아이들은 한 보따리 에피소드를 품고 집으로 와서 엄마와 이야기하고 싶어 합니다. 이 시간을 잘 활용하세요. 단, 주의할 점이 있습니다. 학교에서 칭찬받은 이야기에만 반응해서는 안 됩니다. 또는 다른 친구가 때린 이야기에 펄쩍 뛰면서 반응해서도 안 됩니다. 자극적이고 큰 에피소드에만 반응하면 아이들은 그 정도 수준인 이야기만 하게 됩니다. 별것 아닌 작은 일에도 관심을 보여 주세요.

언젠가 방과 후에 학부모님이 찾아왔습니다. 엄마는 야근이 많아서 아이와 함께하는 시간이 매우 적다고 합니다. 그런데 아이가 하교하자마자 다른 반 아이가 자기를 때렸다고 말했답니다. 그래서 속상하고 화가 나서 오셨다는 것이지요. 교사로서는 사건을 파악하는 게 우선이라 다른 반 선생님과 함께 그 아이를 찾아보고 연락을 드리기로 했습니다.

다음 날 등교한 아이는 자신을 때린 친구를 찾지 못했습니다. 결국, 엄마는 아이와 한참을 이야기 나누고 결론을 내렸습니다. 거짓말 사건이었습니다. 지나다 스친 정도이며, 그 친구가 누군지도 모른다는 것이었습니다. 엄마는 복도에서 아이와 30분 정도 눈을 맞추고 이야기했다고 합니다. 아주 오랜만에 있는 일이었다고요. 아이의 눈빛이 계속 흔들렸고, 엄마를 두려워하는 모습이었답니다. 아이는 엄마의 관심을 끌려고 이야기하다 보니 사건이 확대된 것이었습니다.

물론, 극단적인 이야기지만 아이들은 어른의 반응에 따라 많이 달라집니다. 특히, 학교생활을 시작하며 좀 더 큰 사회의 울타리를 경험하는 아이들은 더욱더 그렇습니다. 자기 행동에 반응하는 어른들의 태도에 따라 달라집니다. 진심으로 아이와 눈 맞추고 이야기를 나누세요. 짧은 몇 분이라도 좋습니다.

조기 교육은 인성 교육으로

사람의 뇌는 거의 모두가 비슷하다고 하지요. 용량 및 역량까지 말이지요. 그 차이는 가지고 태어난 뇌를 얼마나 잘 활용하느냐에 달렸습니다. 특히, 아기들은 시기에 따라 뇌 발달 부위가 달라서 아무리 일찍 공부를 시켜도 별로 도움이 되지 않지요. 예를 들면, 초등학생이 되어 피아노를 배우면 하루에 음계 자리를 읽히는데, 유아기에는 수백 번 반복해야 기억할 수 있는 것처럼 말이죠.

엄마는 아이를 위해 무엇을 해야 할까요? 심리학자 아들러는 '아이가 학교에 들어가기 전 가정에서 보낸 삶'의 중요성에 관해 이야기합니다. "열등감과 우월함에 관한 모든 문제는 아이가 학교에 들어가기 전 가정에서 보낸 삶에서 비롯된다. 학교에 가서 나타나는 교우 관계와 선생님과의 관계는 이전에 형성된 관계를 되풀이하는 것에 불과하다. 학교에 가서 문제가 생기는 아이는 없다. 다만, 이전에 갖고 있던 문제가 드러나는 것뿐이다."라고 말했습니다. 학교에 와서 드러나는 문제를 줄이기 위해서는 유아기가 중요합니다. 공부를 할 수 있는 뇌 발달은 초등학생이 되면서 시작되니, 조기 교육은 무조건 인성 교육이어야 합니다. 유아기는 인성이 모두 자리 잡히는 결정적 시기이기 때문입니다.

"선생님, 우리 아이는 유치원에서 잘했는데 학교 오니까 자꾸 문제가 커지네요."라고 말하는 경우를 자주 봅니다. 교사들은 이런 말을 믿지 않습니다. 유치원에서 분명 문제가 있었을 텐데 겉으로 드러나지 않았던 이유는 아직 유아기라서 넘어갈 수 있었던 것이지요. 예를 들면, 학교에서 글자 쓰기 시간만 되면 공책에 구멍을 뚫는 아이가 있습니다. 매일 그러는 것은 아니고 어느 날은 제법 바른 자형으로 잘 쓰기도 합니다. 일주일에 한 번 정도는 넘어갈 정도이고, 나머지 날들은 계속 구멍을 뚫거나 까맣게 낙서를 하면서 시간을 보냅니다. 글자 쓰기가 무조건 싫은 것입니다.

엄마와 상담했습니다. 만 5세 정도부터 글자 쓰기를 많이 했다고 합니다. 그때는 이런 문제가 없었는데, 초등학교에 와서 왜 그러는지 궁금해했습니다. 엄마와 함께 아이의 닫힌 마음을 열어 주려고 노력했습니다. 그러던 어느 날, 10칸 공책이 아닌 다른 종이에 쓰게 하면 별 부담 없이 해내는 것을 알았습니다. 그래서 책 만들기 수업을 하면 오히려 더 잘했습니다. 결국, 10칸 공책에 글자 쓰기가 힘들었던 것입니다. 글자 쓰기에 부적응인 아이들은 대체로 비슷한 문제점을 가지고 있습니다. 너무 이른 시기에 글자 공부를 하면서 제 역량의 발달 시기를 놓친 것이죠.

초등학교에 들어와 문제가 드러난다면 해결할 수 있도록 노력해야겠지요. 우선, 아이를 이해하고 공감하며 따뜻한 보살핌으로 도와주어야 합니다.

초등 1학년의 마음을 읽는 방법 10가지

부모의 수용 태도에 따라 아이들은 자신의 마음을 결정합니다. 아이들의 성격이나 공부 태도 역시 모두 관련이 있지요. 아이들은 엄마 아빠의 표정과 언어를 읽습니다. 거기에 따라 자신이 잘하고 있는지, 어떻게 행동해야 하는지 깨닫습니다. 부모님의 태도에 따라 아이들의 태도가 결정되는 이유입니다.

엄마는 아이가 보내는 신호를 놓치지 말아야 합니다. 말과 행동은 물론 아이의 마음을 읽고, 표정이나 행동으로 보여 주어야 합니다. 그러면 아이는 신뢰와 사랑을 배우게 됩니다. 그러기 위해서는 아이와 눈 맞추고 이야기해야 하며, 함께하는 시간은 많이 가져야 합니다. 엄마가 나를 보호하고 이해해 준다는 것을 알 때 아이들은 더 솔직해집니다.

아이의 마음을 읽는 방법은 다음과 같습니다.

첫째, 엄마도 초등 1학년 엄마는 처음이라는 사실을 아이에게 알려 주세요. 함께 가는 과정임을 알려 주는 것이지요. 그러면 엄마가 자신을 이해하려고 노력하고 있음을 알게 됩니다.

둘째, 엄마의 기분이 어떤지 자주 말해 주세요. 아이는 자신의 기분을 표현하는 법을 배웁니다.

셋째, 사랑받고 있다는 확신을 주는 눈빛으로 대화하세요. 하루를 정리하는 잠자기 전이 가장 좋은 시간입니다. 아마 아이는 그 시간을 손꼽아 기다릴 것입니다.

넷째, 아이가 친구 때문에 속상한 일이 있을 때 상대방에 대한 판단보다 아이 입장에서 공감하고 편들어 주세요.

다섯째, 아이의 행동을 시각적인 이미지로만 받아들이지 말고 그 속으로 들어가 생각해 보세요.

여섯째, 아이가 문제 행동을 보일 때 한 발짝 물러나 생각해 보세요. 객관적인 판단을 하려면 시간이 필요합니다. 즉각적인 반응은 부정적인 태도로 행동하게 만드는 원인이 됩니다.

일곱째, 아이를 훈육할 때 먼저 아이 마음을 알아차려 주세요. 그다음에 안 되는 이유를 설명해 주세요.

여덟째, 조급함을 버리고, 아이와 심리적 거리를 유지하고 바라보세요. 우리 아이 마음이 더 잘 보입니다.

아홉째, 아이가 울 때는 실컷 울게 기다려 주세요. 그다음에 이야기를 나누세요.

열째, 잘못된 마음 읽기는 아이에게 변명의 기회가 될 수도 있습니다. 잘못된 행동을 했을 때는 억지로 이유를 묻지 말고 단호하게 이야기해 줍니다.

미래를 위해 준비할 역량 5가지

지금 초등 1학년이 사회 초년생이 될 20년 후의 모습을 예측하는 일은 쉽지 않습니다. 21세기 4차 산업혁명의 시대이기 때문이지요. 변화무쌍한 미래 사회에 인재가 되고, 자신의 삶을 주체적이고 즐겁게 살려면 꼭 필요한 것들이 무엇인지 반드시 짚고 가야 할 필요가 있습니다. 어떤 역량이 필요한지 알고 시작하는 1학년은 조금 더 수월합니다. 어느 대목에서 집중해야 하는지 방향을 알고 출발하기 때문입니다.

미래 사회는 예측 불가능하기 때문에 새로운 상황에 부닥쳤을 때 유연하게 대처할 수 있는 능력이 필요합니다. 학습 민첩성이라고도 합니다. 학습 민첩성을 높이려면 자기 자신을 잘 파악하고 주도적으로 실천할 수 있는 실행력도 필요합니다.

《최고의 교육: 4차 산업혁명 시대 미래형 인재를 만드는》의 저자는 미래 인재가 갖추어야 할 역량을 6가지로 정리했습니다. 콘텐츠(content), 창의적 혁신(creative innovation), 의사소통(communication), 협업력(collaboration), 자신감(confidence), 비판적 사고(critical thinking)입니다. 교육부가 정한 21세기 창의 융합 인재가 갖추어야 할 6가지 핵심 역량은 지식 정보력, 창의 사고력, 의사소통 능력, 공동체 능력, 자기 관리력, 심미 감성력입니다.

한편, OECD에서 제시한 핵심 역량은 지적 도구 활용, 사회적 상호작용, 자율적 행동 3가지입니다. 다시 말해, 적극적으로 대화하고 개인의 목적에 맞게 변화를 유도하여 기술 변화에 적응하기 위한 지적 도구의 활용 능력, 다원화된 사회에서 타인과 관계를 원만히 맺고 협력하여 갈등을 관리 해결하는 능력, 자신의 생애 관리 및 확대된 사회 맥락 속에서 자율적 사고와 활동할 수 있는 능력을 말하지요.

사실 그동안 중요하게 여겼던 역량들과 비교할 때 크게 달라진 것은 없습니다. 창의력이나 의사소통, 협업력은 언제나 빠지지 않던 역량이지요. 눈여겨볼 것은 콘텐츠와 자신감이며, 자기 관리력과 심미 감성력입니다. 이제 어떤 점을 생각하고 아이를 키워야 할지 보이시나요? 자신만의 이야기를 표현할 수 있어야 하며, 자기 자신을 절제하며 의사소통하는 능력이 중요해진 것입니다. 학교 교육 과정은 이렇게 큰 줄기의 맥을 짚고 구성되어 있습니다. 그렇다면, 이와 같은 능력을 키워 주려면 어떻게 접근하고 준비해야 할까요?

첫째, 창의적이고 유연한 사고력은 기본 학습 능력을 갖추는 것과 큰 관련이 있습니다. 자신만의 콘텐츠를 가져야 합니다. 1학년 아이들은 콘텐츠 표현력을 쓰기와 그리기, 만들기, 수학 학습하기, 친구들과 놀기 등에서 발휘할 기회가 있습니다. 창의력을 키우는 수업이 따로 있는 것이 아니라 자신이 가진 능력을 찾아내는 과정에서 키워집니다. 아이들이 학교나 가정에서 자신의 능력을 마음껏 발휘할 기회를 주고 기다려 주어야 합니다.

둘째, 의사소통 능력은 학습 장면에서 매우 중요한 능력입니다. 가정에서 어른들과 이야기를 많이 나누어 본 아이는 의사소통 능력이 탁월합니다. 이 능력을 키워 주려면 가족 모임, 친구 모임을 통해 다양한 사람을 만나고 경험하게 하면 좋습니다. 아이가 다른 사람들과 있을 때 어떻게 행동하고 어울리는지 지켜보면서 아이의 의사소통 능력을 키워 주세요. 다문화 사람들과 함께 살아가는 세상입니다. 타인을 이해하고 공감하는 것도 자꾸 연습하면 좋아질 수 있습니다.

셋째, 공동체 능력은 학교에서는 기본입니다. 개인의 취향이나 습관, 심리 상태를 철저하게 공동 규칙에 맞추어야 하지요. 예를 들면, 아이들은 복도 식수대에 수시로 가서 물을 먹고 싶어 합니다. 쉬는 시간에만 갈 수 있다는 규칙이 있지만, 처음에는 이해하지 못하는 아이들도 있습니다. 그런데 며칠 만에 대부분의 아이가 물 먹고 싶은 욕구를 조절합니다. 공동생활 규칙에 대한 인지 능력이 생기는 것이지요. 이런 작은 규칙부터 커다란 협동 능력까지 조금씩 배워 가는 과정입니다.

<u>넷째</u>, 자기 관리력이 필요합니다. 가장 중요한 역량일 수도 있습니다. 학교에서조차 지식을 평가하는 과정이 변하고 있습니다. 인류는 여태껏 겪은 변화보다 앞으로 20년 동안 더 많은 변화를 경험할 것이라고 합니다. 이제는 자율적인 행동 능력이 더욱 중요한 평가 요소입니다. 그러기 위해서는 자기 자신을 파악하고, <u>스스로 조절하고 판단해서 학습하는 능력</u>이 필요합니다. 평생 교육 시대가 되는 것이지요. 새로운 지식과 정보를 유연하게 받아들이고 적응해야 합니다.

그래서 자기 스스로 읽고 쓰고 정리하고 창조하는 자율 학습으로 수업의 형태도 바뀌고 있습니다. 학생들의 능력을 최대한 끌어내서 자신만의 프로젝트를 완성하도록 돕는 수업으로 변하고 있지요. 1학년은 아직 부족한 점이 많아서 선생님이나 부모님과 함께 크고 작은 목표를 정해 스스로 이루어 가는 성취감을 많이 경험하는 것이 좋습니다. 예를 들면, '매일 15분 책읽기'와 같은 작은 노력을 꾸준히 해서 자기 관리 능력을 키우는 것이지요.

<u>다섯째</u>, 심미 감성력은 아이들이 겪는 각종 학습 스트레스, 인간관계 스트레스에서 벗어나 자기 삶을 향유할 줄 아는 능력입니다. 각종 예체능 수업이 강조되는 이유이기도 하지요. 자연 현상이나 예술적 산물에 대한 심미적 감수성과 자기 생각을 표현할 줄 아는 문화 예술적 능력, 다른 사람과 함께 신체 활동을 통해 학습에 참여하는 능력까지 포함됩니다. 긍정적인 발산이 가능한 다양한 예술적 체험은 무엇보다 중요합니다. 1학년 눈높이에서 즐길 수 있는 미술관이나 박물관, 공원, 전시장과 공연장, 경기장 등을 자주 접하면서 다양한 경험을 하게 하세요. 마음이 건강한 아이로 자랄 것입니다.

엄마는 선생님이 아니다

아이가 초등학교에 입학하면 아이의 공부를 봐주는 엄마들이 많습니다. 문제는 가끔 엄마가 아니라 선생님이 될 때 일어납니다. 아이들은 선생님의 권위와 엄마의 권위를 다르게 생각합니다. 선생님과는 좀 더 객관화된 사회생활이며, 대체로 따뜻한 보살핌을 덜 기대합니다. 그러다가 아주 개인적인 계기로 배려하거나 마음을 살펴줄 때 감동하고 고마움을 느끼지요. 1학년의 경우에 가끔 선생님을 엄마처럼 생각하는 아이들이 있습니다. 사회생활과 가정에서의 관계를 구분하지 못하는 경우이지요. 대부분은 시간이 지나면서 자연스럽게 해결됩니다.

그런데 엄마에게는 보살핌을 기대합니다. 엄마가 학습 지도를 해도 선생님처럼 생각하고 배우려는 의도를 갖지 않습니다. 심지어 학교 선생님은 물론 학원 선생님, 학습지 선생님까지 따로 있다면 더욱더 그렇지요. 엄마까지 선생님이라면 아이들 입장에서는 얼마나 힘들까요.

엄마의 역할은 아이가 공부에 어려움이 있는지, 해야 할 분량을 끝까지 했는지, 숙제를 잘 마쳤는지 체크하는 정도면 충분합니다. 아이들이 약속을 지키지 않거나 문제 행동을 일으킨 경우에는 엄격한 훈육을 하시고요. 1학년 때는 선생님 같은 엄마에게 순응하고 지시를 잘 따르겠지만, 학년이 올라가면 오히려 관계를 악화시키는 계기가 될 수 있습니다. 대부분은 엄마가 아이를 기다려 주지 못할 때, 서로 신뢰가 없을 때 엄마는 자꾸 선생님이 됩니다. 공부를 잘하는 아이들은 기본적으로 자신이 무엇을 잘 모르고, 부족한지 잘 찾아냅니다. 메타인지라고 하지요. 그래서 미흡한 부분만 보충하면 좋은 성적을 얻을 수 있습니다. 자신을 잘 파악하는 능력은 그래서 중요합니다.

학습이 시작되는 1학년, 엄마의 시작도 중요합니다. 아이를 좀 더 믿고 기다려 주세요. 물론, 그냥 두는 것이 아니라 아이 스스로 할 일을 정하고 해 낼 수 있도록 격려해 주어야 합니다. 아이들은 누구나 새로운 것을 배울 수 있는 호기심과 역량을 가지고 있습니다. 아이의 능력을 잘 살피고 그에 맞도록 계획을 세우는 것이 기본입니다. 아무리 좋은 학습법이 있다고 해도 우리 아이에게 맞지 않으면 아무 소용이 없습니다. 학습 계획도 엄마가 짜고, 실제 공부도 엄마가 시키면 아이들은 스스로 하려고 하지 않습니다. 엄마만 속이 타지요. 엄마 마음에 들기 위해 억지로 공부하는 아이를 만들지 마세요. 엄마는 엄마의 역할을 하면 됩니다. 선생님이 아닙니다. 아이가 의지할 수 있는 따뜻함을 주세요.

03

뚝심 있는 선배 엄마들의 선택

초등 1학년은 무조건 책읽기

뚝심 있게 아이들을 키우는 엄마들의 공통점이 있습니다. 결정 장애의 순간, 기본을 생각합니다. 우리 아이 입장에서 생각하지요. 주변 소문이나 충동에 쉽게 휘둘리지 않습니다. 자신이 선택한 가치관이 분명하기 때문이지요. 방향을 정하고 아이 키우는 일이 중요한 이유입니다. 특히, 1학년이라면 시작점이기 때문에 꼭 필요합니다.

초등 1학년은 무조건 책읽기가 가장 중요합니다. 그림책을 읽을 때 발휘되는 집중력은 뇌의 모든 부분을 활성화합니다. 후두엽에서 시각적 정보를 분석하고, 측두엽에서는 언어적 분석이 이루어지며, 감성을 담당하는 변연계를 거쳐 전두엽에 이릅니다. 여기서는 종합적 판단과 추리 이성을 담당하지요. 이렇게 그림책 읽기는 언어 발달, 뇌 발달, 정서 발달을 모두 일어나게 합니다. 유아기부터 그림책을 계속 읽었다면 뇌에 저장된 낱말이나 표현들이 입학기에 확실하게 드러나겠지요. 책을 많이 접하고 읽는 아이들은 언어 발달은 물론 정서적으로도 안정되어 있습니다. 특히, 부모님이 책 읽어 주는 시간을 꾸준히 가졌다면 청각 집중력 또한 뛰어나서 기억력도 더욱 발달합니다. 새로 듣는 단어나 문장, 소리에 대해 변별력이 발달하기 때문입니다. 자연스럽게 글의 내용을 이해하고 가치 판단의 수준까지 이릅니다. 1학년이라면 그 어떤 학습보다도 책읽기에 집중해야 합니다.

만 15세를 대상으로 진행하는 국제 학업 성취도 평가(PISA) 읽기 영역에서 한국은 2006년 기준 세계 1위를 차지했는데, 2015년 이후에는 9위까지 떨어졌습니다. 교과서를 이해할 수 없을 정도로 독해력 수준이 낮은 학생들이 전체의 32.9%라고 합니다. 의약품 설명서를 이해하지 못하는 문해가 매우 취약한 수준의 비율 역시 미국이 23.7%, 핀란드 12.6%, 스웨덴 6.2%인데 반해, 한국은 38%로 OECD 국가 가운데 하위권입니다.

현재 초등학교 입학생을 기준으로 전체의 20%가 문해력 낮음에 해당합니다. 실제로 학교 현장에서도 체감하는 내용입니다. 문해력은 문장 해독을 넘어 복잡한 텍스트를 해석하고 평가하는 능력까지 포함합니다. 문해력이 낮으면 디지털 해석 능력도 낮을 수밖에 없습니다.

특히, 문해력 교육이 안 되어 있으면 초등학교에 입학하면서 여러 가지 실패를 경험할 수밖에 없습니다. 초기 문해력 교육이 중요한 이유입니다. 초기 문해력은 출생 직후부터 8세까지 발달하는 양상을 보입니다. 이 때문에 전문가들은 문해력을 아동 발달의 관점에서 봐야 한다고 설명합니다. 문해력은 차근차근 나이 들수록 쌓이는 게 아니라, 아동기에 반드시 획득해야 하는 능력이라는 말이지요. 초등 2학년 이전에 초기 문해력이 완성되어야 모든 읽기가 자유로울 수 있습니다.

우리 반에서는 아침마다 '매일 15분 책읽기' 시간을 갖습니다. 매일 15분을 1년 동안 유지한다면 무척 긴 시간이 되겠지요. 1년 수업 일수가 보통 190일 정도이므로 190일에 15분을 곱하면 2,850분입니다. 이 시간만 충분히 활용해도 어마어마한 시간이 되겠지요. 그런데 아이마다 15분을 어떻게 활용하는지 지켜보면 큰 차이가 있습니다. 15분 동안 그림책 한 권을 계속 읽는 아이, 그림책 여러 권을 읽는 아이, 들락날락하며 여러 권을 들춰 보는 아이, 책만 만지작거리고 집중하지 못하는 아이, 늦게 등교해서 아예 책을 읽지 못하는 아이까지 다양합니다. 이 시간부터 차이가 발생합니다. 물론, 선생님은 책을 잘 읽지 못하거나 집중하지 못하는 친구들을 위하여 재미있는 책을 소개하거나 읽어 주고, 책을 잘 읽을 때까지 독려하는 여러 가지 방책을 펼칩니다.

초등학교 입학 전의 어떤 차이가 아이들을 이렇게 달라지게 하는 것일까요? 초기 문해력이 갖추어진 아이는 더 많이 읽고 습득하게 되겠지요. 설사 입학 전에 능력이 갖추어지지 않았다고 해도, 입학 후 꾸준히 읽기를 시도하면 대부분의 아이는 책과 익숙해지고 책 읽는 습관을 갖게 됩니다. 등교하면 무조건 책을 준비하고 앉아서 읽게 되지요.

　언어학자들의 주장에 따르면, 사람이 습득하는 어휘의 85%는 사춘기 이전에 습득된다고 합니다. 초등 1학년 입학생들의 어휘력은 약 5,000단어 정도에 불과하지만, 6학년을 졸업할 때는 약 4만 단어 정도를 구사하게 된다고 합니다. 초등학교 시절에는 매년 5,000단어 정도씩 어휘력이 늘어나는 셈이지요. 어휘력은 이 시기에 폭발적으로 늘어납니다. 따라서 이 시기의 독서는 꼭 필요합니다.

　아이와 도서관을 자주 다니며 호기심을 채워 줄 책을 같이 고르고, 저녁에는 책을 읽어 주면서 이야기 나누고, 읽은 책의 정보를 활용하여 여행을 가면 좋습니다. 그렇게 하다 보면 아이는 심심할 때 스스로 책을 꺼내 읽고, 궁금한 것이 있을 때 책을 찾게 될 것입니다. 어휘력과 문해력, 집중력은 함께 찾아오게 되겠지요. 특히, 초등 1학년이면 아직 그림책 읽기가 필요합니다. 그림책 읽기는 시각 집중력을 키웁니다. 아이들이 천천히 반복해서 그림책을 읽는다는 것은 새로운 재미를 찾고 있다는 것이지요. 혹시 유아기에 부족했다면 얼마든지 채울 수 있습니다. 자연스럽게 2학기로 넘어가면서 아이들은 글자가 더 많은 책으로 발전하게 될 것입니다.

스마트폰 사용 규칙이 있는가

보그 잡지에서 할리우드 배우 니콜 키드먼의 육아에 대한 기사를 읽었습니다. 다른 엄마들처럼 훈육에 힘쓰는 엄마가 되려고 노력한다고 합니다. 특히, "우리 아이들은 휴대폰이 없어요. 인스타그램도 못 하게 했어요."라고 말한 부분이 기억에 남습니다. 8세, 10세 아이를 키우는 엄마로서 가장 중요한 훈육의 기본이 무엇인지 잘 파악하고 있다고 생각했습니다.

뚝심 있는 엄마들은 스마트폰에 대한 확실한 계획이 있습니다. 아이들이 조른다고 해도 분명한 원칙을 가지고 있지요. 예를 들면, '학급의 친구들이 절반 이상 갖게 되면 사 주겠다, 1학년 동안은 시계형 폰을 사용한다, 폴더 폰으로 연락하는 데만 사용한다, 스마트폰을 사 주었지만 와이파이는 사용하지 않는다.'와 같은 원칙을 가지고 있습니다.

아직 초등 1학년에게 스마트폰은 필요하지 않다는 생각들이 많습니다. 물론, 그 말에 공감합니다. 그런데 아이들은 다르지요. 주변에서 모든 사람들이 늘 스마트폰만 붙잡고 있는데, 거기에 엄청나게 재미난 것들이 많은데 모른 척할 수는 없지요. 그래서 저녁 시간에 부모님 휴대폰으로 30분만 사용하기 같은 규칙을 정하기도 합니다.

가정마다 사정이나 가치관에 따라 스마트폰 구매 시기와 활용 방법이 다를 것입니다. 중요한 것은 사용 시간이나 사용 방법, 사용 앱에 따라 구체적인 규칙을 정해야 합니다. 아이들은 이러한 과정을 통해 자기 스스로 절제하고 자신을 관리하는 능력을 배웁니다. 부모님과 약속을 지키면서 신뢰를 쌓을 수도 있습니다. 명확한 규칙과 통제가 필요한 이유입니다.

이제 앞으로는 스마트폰을 통제하는 가정과 그렇지 못한 가정에 따라 차이는 분명히 생길 것입니다. 최근 여성가족부의 발표에 따르면, 초등학교 4학년과 중학교 1학년, 고등학교 1학년의 학령 전환기 청소년 128만 명을 조사한 결과 20만 명이 스마트폰이나 인터넷 사용을 스스로 통제하기 힘든 상태이고, 이 중 3만 명에 가까운 청소년이 일상생활이 힘들 정도로 스마트폰에 중독되어 있다고 합니다. 특히, 9세 이하 아동 20.7%가 스마트폰 중독증 위험군으로 판명됐다는 것입니다.

이미 초등학교에 입학하면 휴대폰을 사 주는 것이 당연하게 된 현실을 반영한 것이지요. 1학년 상담에서 만나는 대부분의 학부모님 역시 스마트폰 통제에 대한 어려움을 토로합니다. 불과 최근 사이의 일입니다. 스마트폰은 이제 우리의 모든 생활에 깊숙하게 들어왔습니다. 아이들은 학원 가는 사이사이 부모님과 연락하는 용도로 휴대폰을 들고 있지만, 실제로는 학원 가는 사이사이 휴대폰으로 영상을 보고 게임을 하는 데 사용합니다. 부모님이 보지 않는 곳에서 사용하는 방법을 알게 되었고, 익숙한 손놀림으로 보고 싶은 것들을 찾아내지요.

무조건 못하게 하는 것이 어렵다면 아이들이 좋아하는 영상이나 게임을 함께 살펴보고 어떤 점이 좋은 것인지, 엄마가 걱정하는 부분이 무엇인지에 대한 솔직한 이야기를 나누는 것도 필요합니다. 아이들이 무비판적으로 이용하지 않도록 가이드라인을 함께 정하는 것이지요.

이전에는 컴퓨터나 텔레비전 시청, 만화책에 대한 규칙이 중요했다면, 이제는 스마트폰 사용에 대한 규칙이 꼭 있어야 합니다. 이미 이 문제의 심각성을 예견한 프랑스는 초·중·고등학교에서 휴대폰 사용을 법적으로 금지했으며, 대만은 2~18세가 스마트폰에 중독되면 보호자에게 벌금을 부과하고 있습니다.

학원 걱정보다는 책 읽는 엄마

뚝심 있는 엄마는 어느 학원에 보낼까에 대한 걱정을 덜 합니다. 나는 어떤 부모가 되고 싶은가를 결정하는 것이 먼저입니다. 3세 이후 정서적 발달을 바탕으로 사회성, 언어적 발달이 잘 이루어졌다면 염려할 필요가 없기 때문이기도 합니다. 유아기가 아이의 그릇을 만드는 시기였다면, 그 그릇에 무엇을 담을지 하나씩 찾아가는 일은 초등학교 입학 후 발달 단계에 해야 합니다. 물론, 그릇은 계속 만들어 가야 합니다. 아이가 살면서 만나는 수많은 것을 담을 수 있는 역량이기 때문입니다. 그 안에서 아이들은 새로운 배움이 즐겁게 일어날 것입니다. 어느 학원이 좋은지, 우수한지보다는 우리 아이가 새로운 것을 배울 준비가 되었는지, 적성에 맞을지를 찾아봐야 합니다.

극단의 엄마 이야기를 해 보겠습니다. 아파트 단지 학구에서 학원을 한 군데도 안 보내고 학교를 제외하고는 오직 엄마와 시간을 보내는 아이가 있습니다. 엄마는 학원을 보내지 않는 것이 아이를 위한 최선이라 생각했고, 대개 가정에서 시간을 보냈지요. 엄마와 아이는 정서적 유대감은 컸습니다. 그리고 엄마와 공부를 열심히 해서 학습 능력이 좋았습니다. 자신만의 독창적인 아이디어도 있어서 함께 이야기 나누는 시간이나 만들기, 그리기 시간에는 좋은 아이디어도 자주 냈습니다. 그런데 다른 사람들과 어울리는 것을 좋아하는 성격은 아니었습니다. 주로 엄마와 둘만의 시간을 보내서 사회성 발달은 덜 되었지요. 학교에서 다른 친구들과 어울리는 일이 매우 어려웠습니다. 놀잇감을 가지고 놀거나 놀이터에서 놀 때면 분쟁이 자주 일어났습니다. 아무리 창의성을 갖춘 아이라고 해도 타인을 공감할 줄 모르거나 배려심이 없다면 아무 소용이 없습니다. 학교생활이 매우 힘들기만 하겠지요.

또 다른 경우, 엄마는 전업주부였는데 아이에게 여러 가지 좋은 경험을 주려고 최선을 다했습니다. 방과 후 수업도 함께 다니며 가방을 들어 주고 간식도 챙겨 주었습니다. 매일 학교 앞 학원을 데려다주고, 일주일에 한두 번은 먼 거리의 학원도 데려다주었지요. 엄마는 엄마대로 힘들고, 아이는 아이대로 빡빡한 스케줄로 힘들어했습니다. 그런데 엄마는 주변에서 좋은 학원이 있다면 모두 해야 할 것 같아서 계속 프로그램을 늘렸습니다. 물론, 주 1회라서 큰 부담이 없을 것 같지만, 주 1회 수업이 5가지를 넘으니 아이에게는 벅찼지요. 학원 정보는 엄마들 모임이나 인터넷 카페에서 얻습니다. 이제 1학년인데 지친다는 말이 나올 수밖에 없지요.

초등 1학년의 경우, 시행착오가 얼마든지 있을 수 있습니다. 극단적인 엄마의 예를 들었지만, 가장 놓치고 있는 것은 아이의 능력과 관심사입니다. "1학년 때는 무슨 학원을 보내야 하나요?"라는 질문은 적절하지 않습니다. 두 엄마 모두 지나치게 애쓰고 있었던 것입니다. 엄마 자신을 너무 힘들게 한 것입니다.

제가 만났던 뚝심 있는 엄마를 소개합니다. 엄마와 정서적 유대감도 잘 이루어진 아이입니다. 엄마는 대학 병원 간호사라서 불규칙한 3교대 근무를 합니다. 아이와 엄마는 포스트잇으로 서로의 마음을 전달하는 방법을 택했습니다. 엄마가 야간 근무일 때 알림장과 안내장, 학습지를 식탁 위에 놓고 자면 엄마가 퇴근하고 읽어 본답니다. 그리고 엄마는 아이가 좋아하는 것을 이해해 주었습니다. 아이는 책읽기를 좋아해서 책 읽고 글을 쓰는 작은 공부방에 다녔고, 아이돌 가수를 좋아하니 방과 후 수업으로는 방송댄스를 했습니다. 나머지 시간에는 돌봄 교실에서 푹 쉬고 친구들과 놀았지요. 주말에는 동네 가까운 도서관에 같이 갑니다. 물론, 엄마는 엄마의 책을 읽습니다. 2학기부터는 피아노도 시작했는데, 무척 재미있어합니다. 정답은 우리 아이에게 있습니다.

　엄마의 삶은 어떤 이유로든 계속되어야 합니다. 책을 읽고 엄마의 휴식을 채우세요. 행복한 엄마는 아이의 눈에 우리 엄마처럼 되고 싶다는 희망을 갖게 합니다.

작은 실패와 회복 탄력성

초등학교 1학년은 마지막 도착점이 아니라 출발점입니다. 아이들이 작은 실패를 충분히 겪도록 지켜봐도 괜찮습니다. 뚝심 있게 키우는 엄마는 아이들의 자율성을 무척 중시합니다. 예를 들면, 저녁 늦게 자는 습관 때문에 아침이면 항상 늦게 일어나는 아들에게 몇 번의 경고를 한 엄마가 있습니다. 그래도 아이가 계속 늦게 일어나자 어느 날은 깨우지 않았습니다. 선생님께 혼나거나 친구들에게 부끄럽다는 사실을 스스로 깨닫게 하려는 것이지요. 아니면 꼭 선생님께 혼나지 않더라도 조용한 복도를 혼자 걸어가는 부담스러움이나 불편함을 깨닫게 해서 스스로 지각하지 않도록 노력하게 하려는 것입니다.

　최근 육아 전문가들의 공통된 화두는 바로 회복 탄력성입니다. 실패하거나 힘든 일, 속상한 일이 있을 때 쿨하게 털고 일어나는 힘이 회복 탄력성입니다. 회복 탄력성이 낮은 경우 그 안에 갇혀서 계속 힘들어합니다. 유아기부터 학령기에 체험하는 작은 실패는 인생을 좌지우지할 만큼 크지 않습니다. 부모님이 지켜줄 수 있는 안전한 테두리 안에서 조그만 실패를 계속 겪도록 하는 것은 회복 탄력성을 키우는 데 큰 도움이 됩니다. 예를 들면, 자전거 타기를 여러 번 넘어지고 다치는 경험을 하면서 배우는 것처럼 말입니다.

아이들이 쉬는 시간에 노는 모습을 지켜보면, 어떤 아이는 다툼이 일어났을 때 엉엉 울면서 마치 떼쓰는 것처럼 속상해합니다. 끝까지 싸우거나 물건을 던지는 아이도 있지요. 그런데 조용하지만 단호하게 자기 입장을 설명하는 아이도 있습니다. 끝내 상대방이 이해해 주지 않으면 자리를 뜹니다. 그 친구와 잘 맞지 않는다는 것을 아는 것이지요. 그래서 다음에는 다른 친구와 놉니다. 속상한 마음을 다른 친구에게 돌리거나 선생님께 의존해서 해결하려고 하지 않고, 나름의 방법으로 해결한 것이지요. 섭섭한 마음도 있겠지만, 훌훌 잘 털고 일어납니다.

이 아이가 회복 탄력성이 높은 이유를 부모님의 양육 방식에서 찾았습니다. 아이가 처음 방과 후 활동을 하러 가는 날, 깜박하고 그냥 집으로 갔습니다. 두 번째 시간에는 스스로 찾아가지 못하고 돌아왔답니다. 두 번이나 실수를 한 것이지요. 그래서 세 번째 가는 날에는 엄마와 충분히 이야기하고 누나와 만나서 가려고 장소도 확실하게 정했답니다. 결국, 세 번째 수업부터는 제시간에 정확하게 스스로 찾아갔지요. 엄마는 그런 상황을 선생님에게 알려 주면서 하하하 웃었습니다. 이후로 아이는 일주일에 세 가지 방과 후 수업을 모두 스스로 잘 참여했습니다.

처음 겪은 시행착오는 잠깐 당황스럽지만, 누구나 겪을 수 있는 작은 해프닝에 불과합니다. 엄마가 크게 의미를 부여하지 않고 그럴 수도 있다 여겨 주고, 다음에 스스로 찾아갈 기회를 주는 것이 중요합니다. 그러면 아이는 작은 실패를 통해 회복 탄력성을 배웁니다. 또한 자신을 믿어 주는 신뢰감과 스스로 이루었을 때의 성취감도 무척 커집니다. 아이들은 이렇게 실수하며 배우는 것들이 많습니다.

회복 탄력성이 좋은 아이들은 자기 절제력, 자기 관리력이 뛰어납니다. 실패를 거울삼아 성공할 확률도 높지요. 불안하고 변화무쌍한 시대를 살아가는 데 가장 필요한 능력이라고 생각합니다. 뚝심과 자제력은 실패를 통해서 배웁니다. 리더십을 갖춘 성공한 사람들의 공통점에서도 역시 발견됩니다. 풍부한 지략, 야망, 프로페셔널리즘, 진실성과 함께 회복 탄력성이 필요합니다.

아이에게 걸맞은 역경을 경험하게 하세요. 넘어졌다가 다시 누구의 도움 없이도 혼자 힘으로 일어서게 하세요. 어떤 부모님은 점심시간에 식판을 쏟으면 선생님이 왜 치워 주지 않느냐고 안타까워합니다. 아이는 얼마든지 스스로 치울 수 있습니다. 열심히 치우고 있다면 선생님과 친구들이 도와줄 수는 있지만, 대신 치워 주지는 않습니다. 이런 경험을 한 아이는 식판을 쏟지 않도록 다음에는 더욱 조심할 것입니다. 물론, 식판을 쏟은 일이 그리 큰 잘못이 아니라는 사실도 깨닫게 됩니다. 닦기만 하면 되니까요. 이런 경험이 회복 탄력성을 배우는 과정입니다. 가정에서도 부모님이 지켜보는 가운데 작은 실패를 겪게 하세요. 실수하지 않는 아이로 키우는 것보다 실수해도 일어설 힘을 키워 주는 것이 필요합니다.

잘 노는 아이가 공부도 잘한다

심리학자 아들러는 9세가 되기 전까지 겪는 쾌감의 경험을 근원적 체험이라고 했습니다. 예를 들면, 평화로운 풍경, 숲 냄새, 바닷바람 감촉, 석양 보기 같은 체험을 말합니다. 이 근원적 체험은 어른이 되었을 때 성격을 결정한다고 합니다. 근원적 체험이 풍부한 아이는 그것을 기초로 뛰어난 창의력도 발휘합니다.

창의력이 낮은 아이는 부모한테서 항상 구체적인 지시나 가르침을 받고 확인받기를 원합니다. 그런 경우 학교에서 공책에 글씨를 쓸 때나 도화지에 그림을 그릴 때 어떻게 할지 몰라 쩔쩔매고는 합니다. 선생님이 본보기를 보여 주고 그대로 쓰는 활동을 할 때는 쉽게 하지만, 스스로 생각해서 할 때 힘들어하는 아이들이지요. 자기 스스로 결정하지 못하고, 잘하고 싶은 마음만 있는 것입니다.

창의력이 높은 아이는 부모한테서 끊임없이 격려받으며, 자신만의 시간을 갖기 원합니다. 두뇌가 쉴 수 있는 조용한 시간이 필요한 것이지요. 초등 1학년은 근원적 체험을 꽃피울 수 있는 때입니다. 뚝심 있는 엄마들은 다양한 근원적 체험을 통해 강한 정신력을 키워 줍니다. 물론, 초등 1학년의 체험은 놀이여야 합니다.

우리 반은 매일 산책하기 시간과 놀이 시간이 있습니다. 작지만 학교 숲과 운동장, 놀이터에서 시간을 보냅니다. 쉬는 시간 포함해서 20분 정도이지만, 아이들이 하루 중에 가장 고대하는 시간입니다. 매일 놀기로 약속하고, 그 약속을 지키면서 아이들과 선생님 사이에 신뢰도 생겼습니다.

친구들과 잘 놀지 못하는 아이가 있습니다. 다른 친구에 대한 배려를 잘 모르고 하고 싶은 대로만 하려는 데다, 분노 조절이 잘 안 되어서 친구들에게 소리를 지르거나 우는 바람에 잘 지내지 못합니다. 그런데 이 아이는 노는 일에 무척 집착합니다. 쉬는 시간이 끝나도 떼를 쓰면서 더 놀겠다 하고,

운동장에서는 들어오려고 하지 않습니다. 여러모로 또래에 비해 발달이 늦었습니다. 아마 유아기에 상호작용하며 노는 경험이 적었던 것 같습니다.

매일 쉬는 시간이나 운동장 산책 시간에 틈틈이 신나게 놀게 하자 친구들과 다툼도 줄었고, 더 놀겠다고 떼쓰는 일도 없어졌습니다. 그러면서 친구들의 발달 속도를 빠르게 따라잡았습니다. 글자도 더 잘 읽고 쓰게 되었으며, 종이접기나 그리기도 자유롭게 표현하게 되었습니다. 초등 1학년의 놀이는 성장 발달을 돕습니다. 대근육과 소근육의 발달을 돕고, 협응 작용도 원활하게 하지요. 놀이 방법을 고안하고 발전시키면서 친구들과 함께 어울리는 법도 익히지요. 더 재미있게, 더 즐겁게 놀기 위해 머리를 쓰는 동안 창의력 또한 마구 발전합니다.

뚝심 있는 엄마들은 주변 아이들이 이런저런 학원에 다니고, 공부에 피로를 느끼는 시간에 놀 수 있게 합니다. 잘 노는 아이가 공부도 잘하고, 성격도 좋습니다. 우리 아이들이 살아갈 미래 인재에게는 더욱 필요한 능력입니다. 우리 반에서는 월요일 아침마다 '주말에 지낸 이야기'를 하는데, 집에서 뒹굴뒹굴했다고 하면 손뼉을 쳐 줍니다. 뇌가 잠깐 쉬는 시간에 몰입도가 크다고 하지요. 창의적인 발상도 일어난다고 합니다.

최근 학교 교육에서는 이런저런 문제의 대안으로 놀이 교육이 대세입니다. 어떻게 보면 집에서 놀지 못하니 학교에서 놀게 하는 셈입니다. 아이에게 충분히 놀 수 있는 시간과 공간을 만들어 주세요. 혼자만의 장소에서 비밀의 성을 쌓는 추억도 갖게 하고요.

공부 습관 들이는 하루 루틴 정하기

초등 1학년 공부는 습관으로 정착되는 것이 중요합니다. 뚝심 있는 엄마들은 학원이나 학습지 교육보다는 학습 습관을 정착하기 위해 매일 해야 할 일을 정해서 꾸준히 실천하는 루틴 만들기에 치중합니다. 오랜 시간 집중하기 어려우니 짧은 시간 반복하게 합니다. 꾸준하게 반복하면 습관으로 정착되지요.

처음에는 매일 아침 일어나 수학 5문제 풀기, 학교 다녀와서 매일 받아쓰기 10개 연습하기, 잠자기 전 15분 책읽기, 일주일에 한 번 도서관에서 책 3권 대출하기 식으로 실천해 보면 좋습니다. 이후에는 아이의 능력이나 호기심에 따라 학습량을 조금씩 늘려 주세요. 5분 정도에 해결할 수 있는 과제로 시작하다가 문제 수를 늘리거나, 횟수와 양을 늘리는 것이지요.

가장 중요한 것은 꾸준함입니다. 물론, 가장 어려운 것이기도 하지요. 아이들은 했다, 안 했다 하면 무조건 헷갈립니다. 안 해도 되는 것이 허용되면 아이들은 굳이 하려고 애쓰지 않습니다. 적은 양이라도 매일매일 하는 것이 습관 정착에 더욱더 효율적입니다. 학교에서 받아쓰기 연습을 할 때 10칸 공책에 낱말 3번 쓰기를 합니다. 처음에는 평균 15분 정도 걸리지만, 한 달 만에 5분으로 줄어듭니다. 대부분의 아이는 5분 만에 뚝딱 해치우고 바로 다음 과제로 넘어갑니다. 간혹, 아이가 쓰는 것을 힘들어하고 부담스러워해서 그냥 미루는 엄마들도 있습니다. 시간이 지나면 나아지겠지 하는 기대를 하고 말이지요. 그러나 초등 1학년이면 이 정도는 할 수 있어야 합니다.

받아쓰기는 공부 습관을 정착하는 데 기본입니다. 글자를 알고 있어도 보지 않고 기억하여 쓰기 시작하면서 진정한 학습이 시작됩니다. 받아쓰기 점수의 압박감으로 힘들어하는 아이들도 있습니다. 그것은 부모님의 반응 때문입니다. 목적은 글자를 정확하게 기억해서 쓸 수 있느냐에 있기 때문에 점수에는 반응을 보이지 말아야 합니다.

받아쓰기를 하면서 비로소 아이들의 자각이 일어납니다. 그런데 아이들이 마음에 상처를 입을까 봐 학교에서는 받아쓰기 시험을 지양하고 있습니다. 내가 알고 있는지 모르는지 알아보는 것이 바로 메타 인지의 시작입니다. 받아쓰기를 두려워하지 말고 당당하게 경험하면서 알고 있는 글자가 늘어가는 것을 기뻐하고 격려하면 좋겠습니다. 모르는 글자는 계속 공부하면 되고요.

매일의 루틴으로 공부하는 아이는 안정감이 있습니다. 5분 정도 꼼짝 않고 집중하는 능력이 있어서 수업 중 과제도 충실하게 해결합니다. 시작점은 달라도 안정적인 학습을 경험하면 점점 더 학교생활이 즐거워지고, 새로운 무언가를 배우는 일이 즐겁습니다.

초등 1학년 학습은 "무엇을 해야 할까요?"라는 질문보다는 "어떻게 해야 할까요?"라는 질문이 더욱 적절합니다. 대단한 선행 학습이나 난이도 높은 문제 풀이보다는 공부하는 방법을 익히는 것이 필요합니다. 당연히 실행 가능하고 구체적인 계획이어야 합니다. 스스로 공부하는 습관이 자리 잡으면 문제 해결력을 기를 수 있습니다. 앞으로 공부하면서 어려움이 생길 때 스스로 돌파하는 방법을 찾을 것입니다.

우리 아이 강점 찾기

뚝심 있는 엄마들은 다른 아이와 비교하지 않고 우리 아이의 강점을 잘 찾아냅니다. 사람은 누구나 자신만의 개성과 특징을 가지고 있습니다. 초등 1학년에서도 충분히 찾을 수 있습니다. 처음부터 강점이 돋보이는 아이도 있고, 시간이 지나면서 서서히 잘 보이는 아이도 있습니다. 교사들은 동시에 여러 아이와 매일 수업하기 때문에 또래보다 더 잘하는 지점을 찾아내기가 쉽지요. 예를 들면, 쉬는 시간이 끝나면 남아서 놀잇감 정리를 하는 아이, 자기만의 이야기를 만들어 그림 그리기를 좋아하는 아이, 종이접기할 때 뚝딱 완성하고 즐거워하는 아이, 선생님이 새 옷을 입거나 안경이 바뀌면 금세 알아보는 아이, 수학 시간만 되면 반짝거리는 눈빛으로 좀 더 어려운 문제에 도전하기를 즐기는 아이 등 아이들은 저마다 돋보이는 면들이 있습니다.

어쩌면 가정에서는 덜 보일지도 모르는 부분입니다. 외동이거나 형제가 대부분 한 명밖에 없으니 말이죠. 심리학자 아들러는 아이들은 태어난 순서, 즉 출생 순위가 성격과 인성 발달의 중요한 요인이 된다고 했습니다. 태어나면서 형제자매와 경쟁하고, 그 관계에서 겪은 성공과 실패, 기대와 실망, 가능성과 장애의 경험이 아이의 성격을 결정하고 이후의 삶에 지속적인 영향을 끼친다는 것입니다. 맏이의 경우, 가족의 기대에 부응하려고 노력하다가 성공하지 못하면 위축감이 들거나 반항적으로 되기도 하지요. 이때 맏이의 심리적 위치를 잘 헤아려 가족 내에서의 위치가 안전하다는 것을 알려 주면 상실감을 줄일 수 있습니다. 이런 배려를 받고 자라면 자존감과 책임감도 자랍니다. 가정에서도 아이의 특성이나 개성, 형제 관계를 바탕으로 지켜보면 더 많은 강점을 찾을 수 있습니다.

아이들의 강점은 얼마나 관심을 두고 지켜보느냐에 따라 더 많이 보입니다. 특히, 초등학생이 되어 아이가 좋아하는 책을 살펴보면 도움이 됩니다. 아이가 어떤 분야에 관심이 많은지 알 수 있지요. 남학생은 다양한 분야에 호기심을 갖습니다. 도서관 수업을 할 때 살펴보면, 여학생들은 대부분 그림책이나 동화책 코너에서 책을 찾고, 남학생들은 온 도서관을 탐색합니다. 수학, 과학, 자연, 신화, 만화책 코너를 두루두루 찾아다니지요. 그래서 책 고르는 시간도 더 많이 걸립니다. 엄마들은 아들의 그런 호기심을 잘 이해하지 못하는 경우가 많습니다. 아이에게 자신이 좋아하는 것을 찾아내는 탐색의 시간을 주세요. 사실 자신이 좋아하는 것을 찾아내는 것만큼 중요한 일이 또 있을까요.

아이의 강점은 성격일 수도 있고, 재능일 수도 있고, 능력일 수도 있습니다. 아이가 더욱더 즐겁게 할 수 있는 그 무언가를 찾아내는 시간이 초등학교 시절입니다. 엄마가 혼자 고민해서 무엇을 시킬까 결정하는 것은 옳지 않습니다. 아이를 지켜보니 운동도 좋아하고 체력도 좋은데 승부욕도 있다면 당연히 운동할 시간을 더 많이 갖도록 도와주어야겠지요. 그러면서 끝까지 열심히 뛰고 목표한 운동량을 해내는 모습에 아낌없는 격려를 한다면 자연스럽게 아이는 운동 강점을 충분히 발휘할 것입니다.

나만이 할 수 있는 일, 좋아하는 일을 열심히 계속하다 보면 그게 직업이 될 수 있는 시대가 되었습니다. 초등 1학년에게 직업에 대한 인식은 크게 중요하지 않습니다. 어른이 되는 시기에는 사라질 직업도 많기 때문이지요. 자신의 강점을 찾도록 현명하게 도와주는 엄마의 역할이 필요합니다. 아이가 설거지했는데 그릇 정리까지 말끔하게 잘했다면 이 아이는 책임감도 강하고 정리 정돈도 잘하는 강점이 있는 것이지요. 엄마를 도와주는 배려심도 크고요. 생활 속 작은 일부터 따뜻한 관심을 두고 격려해 주세요. 아이는 자기 자신을 더 사랑하게 될 것입니다.

초등 입학 전에 준비할 것들

아이들은 이야기를 좋아한다

교실에서 책을 읽어 주다 보면 아이들이 몰입하는 짜릿한 경험을 합니다. 아이들은 스토리를 좋아합니다. 원인과 결과가 분명해서 극적 긴장감을 주는 이야기라면 길이와 상관없이 더 좋아합니다. 스테디셀러 《지각대장 존》이 인기 있는 이유입니다. 또 옛날이야기도 좋아하지요. 아직 혼자 책읽기가 어려운 아이들이 많아서 이런 이야기책을 읽어 주는 것이 좋습니다. 이야기의 기승전결이 분명하고 몰입하는 책이라면 아이들은 스토리를 되짚어 이야기하기도 잘합니다. 책읽기를 위해서가 아니라 듣고 생각하는 능력, 기억하고 메시지를 찾아내는 능력이 향상합니다. 글자를 원활하게 읽으면 스스로 책을 찾아 읽을 것입니다.

지극히 정상적인 애착 관계

교실에서 만나는 아이들의 문제 행동을 볼 때마다 왜 그럴까 하고 고민합니다. 초등 1학년의 문제는 대부분 유아기에 안고 있던 문제가 고스란히 드러난다고 봅니다. 학령기가 되었다고 아이들이 새로운 발달을 보이는 것은 아니지요. 이전에 쌓인 결과에 따라 아이들은 새로 만나는 상황들을 겪는 것이지요. 가장 중요한 것은 만 3세를 전후로 지극히 정상적인 애착 관계가 있었느냐에 달려 있습니다. 아이가 성장한 후에는 회복이 그만큼 어렵다는 것이겠지요.
어린이집에 너무 일찍 맡겨지면서 일대일 애착 형성이 되지 않은 아이, 너무 이르게 시작한 학습에 부담을 느낀 아이, 엄마 아빠의 관계 때문에 방치된 아이, 모든 행동에 적절한 반응과 보살핌을 받지 못한 아이들을 만날 때마다 정말 안타깝습니다. 도와줄 수 있는데 한계를 느끼기 때문이지요. 유아기 엄마와 안정적인 애착이 형성되었다면 아이는 밝고 건강하게 잘 성장할 수 있습니다. 모든 육아의 기본이라고 생각합니다.

충분한 놀이

레이먼드 브릭스의 《곰》이라는 그림책이 있습니다. 우리 집에 곰이 찾아와서 집안을 어지럽히며 아이와 함께 놀았습니다. 아빠와 엄마는 아이가 어지럽힌 걸 알면서도 아이가 곰이 와서 함께 놀았다는 말을 믿어 줍니다. 아이는 거짓말을 했다기보다 자유로운 상상 놀이를 즐긴 것이며, 부모님의 믿음 속에서 안정감을 느끼며 자랍니다. 유아 그림책에 상상 놀이가 많은 것은 바로 그런 이유입니다. 유아기에 부모와 함께 상상 놀이를 하지 않으면 아이의 상상력은 성장하지 않습니다.

놀이가 부족하면 공부 머리도 자라지 않습니다. 그중에서도 주체적인 놀이는 더욱더 많은 것을 배우는 기회입니다. 성장하는 아이들에게 이런 시간을 빼앗는다면 중요한 지성이 성장하기 어렵습니다. 심심하게 지내다 스스로 놀이를 찾아내고 집중하는 몰입의 순간을 경험하면서 아이들의 뇌는 무한 발달을 하지요. 꼭 장난감이 있어야 노는 아이들도 있습니다. 아무것도 없는 장소에서 즐겁게 지낼 수 있어야 합니다. 역할 놀이나 소꿉놀이 같은 상상 놀이, 그림책 읽어 주기 같은 수용 놀이, 달리기나 점프, 공놀이와 같은 기능 놀이, 그림 그리기나 나무 쌓기 같은 창조 놀이로 자연스럽게 발전하며 놀 수 있습니다.

부모님이 보고 있다면 조금 위험한 놀이도 할 수 있습니다. 무조건 못하게 할 것이 아니라 옆에게 안전하게 지켜보는 것이지요. 실험에 따르면, 아이들은 선생님이 정한 놀이보다 자기가 하고 싶은 놀이를 할 때 창의력도 더욱 발달합니다. 유아기에 충분히 놀이 시간을 가진 아이는 정서적으로도 안정되고, 공부할 수 있는 집중력, 창의적인 아이디어를 갖습니다. 아이들에게 충분한 놀이 시간과 공간을 주세요.

사랑이 넘치는 가정

행복한 가정은 아이들의 모든 것을 좌우한다고 생각합니다. 작은 일에도 함께 웃고, 서로 소통하며, 같이 식사하는 가정이면 된다고 생각합니다. 경제적인 것이 행복을 좌우하는 것이 아닙니다. 사교육을 시키는 것이 마치 교육의 가장 중요한 것처럼 여겨지는 시대이지만, 사실은 아닙니다.

어떤 외부 프로그램을 진행하는가보다 더 중요한 것은 사랑이 넘치는 가정에 있습니다. 아이들은 경제적으로 어려운 여건이라도, 부모님 사이가 좋지 않더라도, 너무 바쁜 아빠와 같이 시간을 보내지 못하더라도 견딜 수 있습니다. 부모가 자신을 사랑하고 있다는 확신만 준다면 아이들은 얼마든지 역경을 이겨낼 수 있습니다. 초등학교 입학 전에 갖추어야 할 가장 기본이라고 생각합니다. 사랑이 넘치는 가정을 만들기 위해 부모님은 더욱 노력해야 할 것입니다. 서로 배려하고 노력하는 모습을 보여 준다면 아이들도 자연스럽게 배울 것입니다.

학교생활이 궁금하다

1학년 교육 과정 이해하기

1학년은 3월 한 달 동안 입학 후 적응 활동 시간을 80차시 정도 운영합니다. 3월 말이 되면, 본격적으로 교과 수업을 합니다. 국어, 수학, 통합 교과(봄, 여름, 가을, 겨울), 안전한 생활 교과서가 있습니다. 보조 교과서로 국어 활동과 수학 익힘책이 있지요. 교과서가 무겁고 활동 중심 교재라서 학교에 두고 사용합니다.

그 외 시간은 자율 활동, 동아리 활동, 진로 활동, 봉사 활동의 창의적 체험 활동 수업으로 채워집니다. 각종 안전 교육과 소질 계발 활동이 포함되지요. 1년에 190일 정도 출석하고, 1학기에 100일 정도 수업합니다. 연간 860차시 정도의 수업을 합니다. 학교마다 수업 시작일과 종업식 날짜가 다르기도 합니다. 학교장에 따라 학기 중간에 재량 휴업일 차이도 있기 때문이죠. 처음에는 4교시 수업을 하고 급식 후 하교하지만, 입학 후 셋째 주 정도부터는 주 2회에서 3회 5교시 수업을 합니다.

첫째, 교과 학습으로 기초·기본 학력을 다지기

교과	국어	수학	통합 교과(바른생활, 슬기로운 생활, 즐거운 생활)			
교과서 이름	국어 가, 나 국어 활동	수학, 수학 익힘	봄	여름	가을	겨울

국어	• 교과·일상생활과 학습에 필요한 기초적인 국어 능력 습득하기
수학	• 덧셈과 뺄셈, 기본 도형, 규칙 알아내기 등 생활 수학 다루기
통합 교과	• 기본 생활 습관과 기본 학습 습관의 형성으로 바르게 생활하기(바른생활) • 주변 일상생활에 대해 지속적인 관심을 갖고 이해하기(슬기로운 생활) • 창의적인 표현 능력을 지닌 건강한 사람으로 자라기(즐거운 생활)

- 국어 활동, 수학 익힘은 보조 교과서로 주로 가정에서 학생 스스로 학습하여 자기 주도적 학습력을 기르는 데 활용합니다.
- 한글을 착실하게 배우도록 한글 교육이 강조됩니다.(기존 27차시에서 62차시로 강화, 2015년 개정 교육 과정)

둘째, 창의적 체험으로 나눔과 배려 실천하기
- 교과 이외의 교육 활동으로 자율 활동, 동아리 활동, 봉사 활동, 진로 활동 영역에서 다양한 체험 활동을 합니다.
- 1, 2학년의 창의적 체험 활동은 체험 활동 중심의 '안전한 생활'을 포함하여 운영됩니다. 안전한 생활은 1, 2학년에서 64시간 운영되며, 생활 안전, 교통안전, 신변 안전, 재난 안전 영역으로 구성됩니다.
- 3월에는 입학 초기 적응 활동을 중심으로 운영되어 아이가 새로운 환경에 적응하여 즐겁고 건강하게 지낼 수 있도록 도와줍니다.

셋째, 수업 일수는 연간 190일 이상이며, 수업 시간은 연간 860~890시간입니다.

학교 시스템 이해하기

3월 입학식 후부터 다음 해 학년말 종업식까지 학교에는 여러 가지 행사가 있습니다. 연 2회 정도 현장 체험 학습과 운동회, 학예회가 가장 큰 행사입니다. 요즘에는 학교마다 운영 방법이 달라서 차이가 큽니다. 예를 들면, 운동장 사정이나 프로그램 운영상 학년별 운동회를 하거나 학급별 학예회를 하는 것처럼 말이죠. 기본 출석 일수와 수업 시수는 법적으로 정해져 있지만, 나머지 학교 운영은 학교마다 학부모 의견과 상황에 따라 다르게 운영합니다.

달라진 점 중 하나는 각종 대회와 시상, 정기적인 지필 평가가 없어졌습니다. 경쟁보다는 서로 협업하고 저마다의 개성과 능력을 존중하는 시스템으로 바뀌었습니다. 그런데 교과 수업에 해당하는 평가는 존재합니다. 다만, 수업 시간에 적극적으로 참여하고, 수업 목표에 맞는 과제를 해결하는 수행 평가 중심입니다.

초등학교 수업 시간은 40분, 쉬는 시간은 10분, 점심시간은 50분입니다. 4교시 수업하는 날은 급식 후 12시 40분 정도면 끝나고, 5교시 하는 날은 1시 50분에 끝납니다. 중간 놀이 시간을 두어 차이가 나는 학교도 있고, 급식실 사정에 따라 점심시간도 차이가 있습니다. 시간에 맞추어 움직이는 단체 생활이 처음에는 어려울 수도 있습니다. 시계 보는 방법을 알고 있다면 좀 더 효율적이며, 수업 시간 40분 동안 꼼짝 않고 앉아 있는 것은 아니니 크게 걱정하지 않아도 됩니다.

요즘 수업은 정적인 활동보다 동적인 활동이 많아 자주 움직일 수 있고, 화장실 가는 것도 가능합니다. 단, 독단으로 활동하거나 교실을 나가는 것처럼 안전하지 않은 경우 제재를 받을 수 있습니다. 대부분의 아이는 화장실도 쉬는 시간에만 갈 정도로 3월에 적응합니다.

교과서는 가정으로 가져가지 않고, 학교에 두고 사용합니다. 학기가 끝나면 가정으로 돌려보냅니다. 그런데 가끔 집으로 교과서를 가져오게 해서 어떻게 공부하고 있는지 살펴보고 이야기 나누는 것도 아이를 이해하는 좋은 방법입니다.

사물함에는 양치 도구나 크레파스, 휴지 등을 보관하고 사용합니다. 정리는 스스로 해야 합니다. 책상 서랍에는 교과서와 공책, 색연필을 두고 씁니다. 남학생들에게는 이 두 공간을 정리하는 일이 좀 어려울 수도 있습니다. 정리 정돈도 연습이므로 가정에서도 자기 공간을 스스로 정리하는 습관을 갖도록 하면 좋겠습니다.

방과 후 활동 어떻게 고를까

방과 후 활동은 크게 두 가지로 나누어집니다. 보육 차원에서 이루어지는 돌봄 교실과 다양한 취미와 특기를 배울 수 있는 방과 후 활동입니다. 돌봄 교실은 보통 예비 소집 날 신청서를 나누어 주고, 입학 전에 신청을 받습니다. 경쟁률이 높은 경우 추첨을 하기도 합니다. 교과 수업 후 돌봄 교실에서는 휴식을 취하면서 친구들과 놀 수 있으며, 보충 학습을 비롯한 다양한 수업들이 소규모로 이루어지기도 합니다. 간식을 먹고 쉴 수 있습니다.

방과 후 수업은 학교마다 종류가 다릅니다. 입학식 후 바로 신청할 수 있습니다. 보통 3월 둘째 주부터 운영되므로 끝나는 시간과 요일별 운영 날짜를 숙지하도록 합니다. 3월에는 담임 선생님과 방과 후 선생님이 아이들이 교실을 잘 찾아갈 수 있도록 안내합니다.

프로그램의 종류는 축구, 놀이 스포츠, 방송 댄스부터 바이올린, 우쿨렐레, 영어, 중국어, 요리, 과학 실험, 생태 체험, 미술 등 무척 다양합니다. 아이들의 흥미에 따라 선택하면 됩니다. 보통 3, 4개월 단위로 모집합니다. 의무적으로 해야 하는 것은 아니며, 너무 많이 하는 것도 아이들에게는 부담스럽습니다. 특히, 1학기에는 학교 수업과 방과 후 활동, 학원까지 참여하다 보면 피로를 느끼는 아이도 많습니다. 아이들의 반응에 따라 2학기부터 늘리는 것도 좋은 방법입니다.

학교마다 인기 있는 프로그램은 신청자 초과로 추첨하기도 하고, 미달하면 폐강되기도 합니다. 매주 같은 시간에 방과 후 활동에 참여하면서 아이들끼리 친구가 되기도

합니다. 마음이 맞는 친구들끼리 같은 방과 후 활동에 참여하는 것도 좋은 방법입니다. 단, 방과 후 활동을 하고 학원으로 가는 경우도 많은데 너무 피곤하지 않도록 조절하는 것은 꼭 필요합니다.

등하굣길 안전 매뉴얼 꼭 지도해야

아무리 강조해도 지나치지 않는 것은 등하굣길 안전입니다. 아침 9시까지 등교하기 위해 집에서의 거리를 미리 생각하고 출발해야 합니다. 늦는 경우 서두르다가 다치는 경우가 많기 때문이죠. 그중에서도 가장 중요한 것은 뛰지 않기. 아이들은 다 알면서도 일단 밖으로 나가면 잘 뛰어다닙니다. 하교할 때도 마찬가지지요. 3월에는 주로 교통안전에 대한 수업을 많이 하는 이유도 거기에 있습니다. 아이들도 알지만 지키지 않기 때문에 수시로 이야기해 주어야 합니다.

그밖에 놀이터에서 놀 때, 교실이나 복도에서 안전하게 지내려면 어떤 노력을 해야 하는지 자주 이야기하고 의견을 물어보아야 합니다. 3월에는 부모님도 아이들도 긴장해서 주의를 기울이는데, 4월쯤 되면 긴장도 풀리고 날씨도 풀리면서 안전사고가 자주 일어나기 시작합니다.

1학년 담임을 하다 보면 3월 말쯤에 꼭 일어나는 사고가 있습니다. 친구를 사귀면서 아이들이 부모님 허락 없이 친구 집에 가는 경우이지요. 가끔은 집에 부모님이 안 계신 경우도 있어 정말 행적을 파악하기 어려운 경우도 있습니다. 대부분 그날 같이 놀았던 친구가 누구인지 되짚어서 연락하면 거기서 노는 경우가 많습니다. 그런데 그때까지 엄마와 선생님은 애타게 찾게 되지요. 휴대폰으로 위치 추적도 합니다. 아이들은 결정적인 순간에 꼭 전화를 받지 않으니 말이죠. 등하굣길 안전 매뉴얼을 가정에서도 수시로 점검하고 아이에게 이야기해 주는 것이 안전을 위해 꼭 필요합니다.

초등 1학년을
공감하는,

슬기로운
엄마 생활

01. 마음이 튼튼한 초등 1학년 되는 비결
02. 사회성이 좋은 초등 1학년 되는 비결
03. 학교생활에 잘 적응하는 초등 1학년 되는 비결

똑같은 1학년?

교실에서 만나는 아이들은 정말 서로 다릅니다. 이런 아이들이 만나서 서로 어울리며 1년을 보내게 되지요. 가만히 지켜보면 어쩌면 저렇게 훌륭할까 싶은 아이도 많고, 왜 저렇게 행동할까 걱정되는 아이도 있습니다. 그래서 늘 관찰하고 아이들 문제에 개입하면서 어떻게 가르쳐야 하는지에 대한 생각을 합니다. 크게 보면 똑같은 1학년이지만, 전혀 다른 아이들. 그들의 말 한마디, 행동 하나가 이전의 생활을 적나라하게 보여 줍니다.

초등 1학년 아이 입장에서는 지금이 가장 어렵고 힘든 시기일 수 있습니다. 지금까지 살아온 짧은 생애 중 가장 큰 변곡점이기 때문이지요. 지금 어려운 시기를 잘 극복하고 넘기면 앞으로 닥치는 문제들도 잘 해결하고 넘길 수 있는 회복 탄력성이 생깁니다. 그런데 지금 문제를 외면하거나, 미루거나, 괜찮다고 합리화한다면 앞으로의 삶이 더 힘들어질 수 있습니다.

그래서 초등 1학년은 중요한 시기입니다. 아이들이 여러 가지 새로운 경험을 하는 시기입니다. 가정교육의 틀을 가지고 아이 입장에서 든든한 그릇을 만드는 시기가 되도록 해야 합니다. 부모님이 흔들리지 않으면 아이들도 다시 꼿꼿이 일어설 수 있습니다.

따뜻하고 섬세한 보살핌이 답이다

흔들림 없는 아이들을 가만히 살펴보면 부모님의 사랑을 듬뿍 받고 자란 경우입니다. 경제적인 상황과는 정말 상관없습니다. 경제적으로 여유 있는 아파트 단지에서 근무할 때 모든 아이가 행복해야 하지만, 절대 그렇지 않았습니다. 특히, 고학년으로 올라갈수록 문제를 해결하지 못하고 괴로워하는 부모님과 학생을 많이 보았습니다. 반대로 경제적으로 어려운 저소득층 가구가 많은 학구에서 근무할 때 모든 아이가 문제일 줄 알았지만, 결코 그렇지 않았습니다. 따뜻한 보살 핌을 받고 자라면서 오히려 부모님의 고생을 아는 착한 아이들이 자기 관리도 잘하는 경우가 많았습니다. 중요한 것은 엄마의 태도입니다. 아이에게 사랑하는 마음을 충분히 표현하고, 따뜻하게 보살펴 주세요.

매일 칭찬해 주기

초등 1학년이라면 누구든 칭찬으로 힘이 납니다. 물론, 칭찬에는 기술이 필요합니다. 새로운 환경에 적응하느라 고군분투하는 아이들 입장에서 구체적으로 칭찬해 주세요. 결과보다는 노력하는 과정을 칭찬해야 합니다. 결과에 집중한다면 아이들은 잘하지 못할 때 오히려 거짓말을 하거나 자신감을 잃기도 합니다. 예를 들면, 아이가 학교에서 있었던 일을 자세하게 이야기한다면 "엄마가 궁금했는데 학교생활을 이야기해 주니 자세히 알게 되었구나. 고마워."라고 하는 것이지요. 어찌 보면 칭찬이 아니라 엄마 마음을 표현한 것 같지만, 아이는 엄마에게 고맙다는 말을 들었으니 칭찬으로 여깁니다.

엄마가 솔직하게 격려하면 아이는 엄마의 신뢰감 덕분에 더욱 용기를 갖게 되지요. 아이의 행동을 개선하려는 의도로 불순한 칭찬을 하기보다 그때그때의 상황에 따라 적극적으로 칭찬해 주세요. 그리고 매일 칭찬해 주세요. 격려받은 아이는 자신을 사랑하는 마음이 더욱 커집니다.

이제부터 우리 아이들을 어떻게 칭찬하고 격려해야 할지 상황별 사례를 통해 구체적으로 살펴보겠습니다.

01

마음이 튼튼한 초등 1학년 되는 비결

**자존감 높은 아이,
노력하는 과정 알아차려 주기**

그림을 아주 잘 그리는 여학생 지은이가 있습니다. 다른 1학년 친구들에 비해 탁월합니다. 예를 들면, 입학식 다음 날 이름표 만들기 수업 시간이었습니다. 서로 이름을 모르니 명패를 만들어 책상에 두면 이름 외우기가 쉽습니다. 컴퓨터로 이름을 프린트해서 나누어 줄 수도 있지만, 아이들의 표현력도 보고 자기 이름에 대한 숙고의 시간도 가질 겸 직접 만들기를 합니다. 지은이는 선생님의 생각을 제대로 간파하고, 커다랗게 이름을 쓰고 여러 색의 사인펜과 색연필을 활용해서 글자를 꾸몄습니다. 첫날 이름표 만들기를 하면 학생들의 기본 능력을 파악할 수 있지요. 집중력, 표현력, 상상력, 창의력까지 말이죠.

이름 정도는 다 쓸 수 있어 어려운 작업은 아니지만, 멀리서도 보이게 이름을 멋지게 표현하는 아이들은 눈에 띕니다. 지은이는 단연 돋보였지요. 글자를 대담하게 꾸미고 사물 그림을 넣어 자신의 정체성을 표현하는 창의력까지 보였습니다. 그래서 학습 능력도 뛰어난 친구라고 생각했습니다. 그런데 지은이는 글자를 알기는 하나 읽기와 쓰기는 잘하지 못했습니다. 지은이는 국어 시간만 되면 자꾸 고개를 숙였습니다. 자신이 글자를 잘 모른다고 생각한 것이지요.

그러던 6월의 국어 시간, 문장 읽기가 시작되었지요. 처음에는 모두 읽기, 그다음에는 모둠별로 읽기, 그다음에는 짝과 읽기, 그다음에는 혼자 읽기로 진행하면서 아이들의 부담감을 줄여 줍니다. 한 문장씩 순서대로 혼자 읽는데, 지은이 차례가 되자 더듬더듬 읽다가 이내 멈춥니다. 그래서 읽으려고 애쓰는 마음을 알아차려 주었습니다.

"지은이가 읽으려고 노력하고 있구나. 천천히 읽어 보자."

아이가 노력하는 과정을 지나치지 말고 말로 표현해 주면 좋습니다. 그러면 나는 존중받고 있고 관심받고 있다는 것을 알게 되지요. 자존감이 높아집니다. "잘 모르는구나. 읽기가 안 되는구나."라고 결과만 말해서는 안 됩니다.

격려받은 지은이는 결국 문장 읽기를 마쳤습니다. 물론, 두어 글자가 틀렸지만, 중요하지 않습니다. 끝까지 읽었기 때문입니다. 일단 두려움은 극복했습니다. 이후로 지은이는 문장 읽기를 할 때마다 조금씩 달라졌습니다. 쉬는 시간이나 점심시간에 친구들과 읽기 놀이하는 데도 깔깔거리며 참여했습니다.

지은이는 읽기를 잘하지 못하지만, 그것을 부끄러워 감추는 것이 아니라 솔직히 받아들이고 문제를 해결하려는 의지가 큰 아이입니다. 지은이는 집에서 엄마와 소리 내어 읽기를 꾸준히 연습했답니다.

어머님은 지은이 언니를 억지로 공부시키다가 관계만 나빠지는 경험을 했다고 합니다. 그래서 스스로 하고 싶을 때를 기다려 주는 게 낫다고 판단하고 지은이는 느긋하게 두다 보니 한글이 늦었다는 것이지요. 지은이는 노력하면 된다는 경험을 했습니다. 책 읽는 속도는 점점 더 빨라지고 정확해졌습니다. 2학기에 들어 책읽기를 할 때는 손을 들고 자신 있게 읽을 수 있었습니다.

그러던 11월, 지은이가 방과 후 활동에 가기 전 교실에서 잠깐 놀고 있는데 눈이 내리기 시작했습니다. 그러자 지은이가 "선생님! 눈이 오면 시를 써야 할 것 같아요. 시가 쓰고 싶어요."라고 말하더니, 공책에 대여섯 줄로 눈이 오면 기분이 좋아진다는 멋진 시를 써 왔습니다. 지은이는 이제 자기가 가진 능력을 마음껏 발휘할 수 있을 만한 능력을 장착하게 되었습니다.

《완두》 (다비드 칼리, 2018, 진선아이)
《완두의 여행 이야기》 (다비드 칼리, 2019, 진선아이)

이런 책을 읽어 보세요

《완두》의 주인공 완두는 태어날 때부터 몸집이 완두콩처럼 아주 작습니다. 몸집이 작아 엄마가 직접 만든 옷을 입고, 인형 신발을 빌려 신었죠. 그래도 완두는 매일 새로운 놀이를 하며 즐겁습니다. 수영, 레슬링, 줄타기도 해냅니다. 그런데 학교에 들어가면서 자신이 다른 친구들보다 너무 작다는 것을 깨닫습니다. 수업을 따라가고 밥 먹는 것도 어려웠고, 친구들과 어울릴 수도 없었죠. 그러나 완두는 작은 몸집 때문에 슬퍼하거나 불평하지 않습니다. 자신을 있는 그대로 사랑하고, 행복하게 하는 일에 몰두합니다. 《완두의 여행 이야기》에서 완두는 병뚜껑을 모으고, 장난감을 만들고, 곡도 연주하며 소박하지만 만족한 삶을 사는 어른이 되었습니다. 우표 그리는 일도 하지요. 어느 날, 우표에 그릴 새로운 생각이 떠오르지 않자 여행을 떠났는데, 비행기가 추락합니다. 낯선 곳에서도 완두는 긍정적인 마음을 잃지 않고, 새 친구들과 문제를 해결하고 어려움에 맞섭니다. 어떤 상황에서도 희망을 잃지 않지요. 그런 완두 모습에서 고난을 이기는 씩씩한 마음과 용기를 배웁니다. 완두는 마음먹기에 따라 힘든 일도 새로운 도전과 모험이 될 수 있다는 것을 보여 줍니다.

책 놀이 완두의 이야기를 담은 작은 책을 만들어 보세요

자신을 사랑하고 존중하는 완두를 통해서 지금 그대로의 나를 사랑하는 방법을 배울 수 있습니다. 완두의 이야기를 담은 작은 책을 만들어 보세요. 자신의 불리함을 극복하고 씩씩하게 살아가는 완두를 격려하는 글을 써넣으세요. 완두의 침대, 목욕탕, 비행기, 우표까지 모두 그려 넣으며 작고 귀여운 완두의 세상을 함께 느껴 보세요.

자신감 회복의 첫걸음,
'넌 할 수 있어' 믿음 가득한 시선 보내기

그리기 표현력이 부족한 아이들이 많습니다. 그러나 그림을 못 그린다고 모두 스트레스를 받는 것은 아닙니다. 소근육 발달이 미숙해서 못 그리는 아이, 가만히 앉아서 집중하기 어려워하는 아이, 그림을 많이 그려 보지 않아서 형태 잡는 게 어려운 아이 등 저마다 다르지요. 원인을 알면 해결 방법도 어렵지 않습니다. 그런데 마음이 힘든 아이들은 해결하기가 좀 더 어렵고 시간이 오래 걸립니다. 유아기나 초등 1학년을 잘 보내야 하는 이유도 바로 이것입니다.

명수는 그리기만 하면 두 가지 반응을 보였습니다. 아예 시작도 안 하고 장난을 치거나, 아무렇게나 낙서하듯 그리는 것이지요. 보통은 시작조차 안 하는 경우가 많았습니다. 전국의 초등학교 1학년 교실에서는 학급마다 한두 명의 학생들이 그리기를 거부합니다. 원인은 여러 가지가 있지만, 대부분은 잘 그리고 싶은데 안 되는 경우가 많습니다. 자신이 못 그린다고 생각해서 아예 시작조차 하지 않는 것이지요. 손의 협응 능력도 부족하고, 과제 이해력이나 집중력, 끈기도 부족한 여러 가지 문제를 안고 있는 것입니다. 처음 3, 4월에는 그림을 그리지 않아도 기다려 주었지만, 언제까지나 그대로 둘 수 없습니다. 명수는 수업을 방해하는 주인공이 되었기 때문입니다. 선생님이나 친구들과의 갈등은 더욱 심해졌지요.

그러던 어느 날, 놀이터에서 신나게 놀고 들어온 시간 '재미있었던 일 그리기'를 하였습니다. 아이들은 모두 놀이터에서 놀았던 일을 그리느라 신나 있었지요. 명수도 신난 표정으로 색연필을 들었다가 내려놓더니 이내 시무룩해졌습니다. 그 순간 명수 마음이 보여 말 걸었습니다.

"잘 그리고 싶은데 안 되어서 속상하구나. 한 번에 잘할 수는 없어. 계속하다 보면 멋진 그림을 그릴 수 있을 거야."

그러자 명수가 갑자기 울음을 터뜨렸습니다.

오랫동안 명수는 잘 그리고 싶은데 안 되었던 것이고, 이제는 그런 속내를 감추고 오히려 부정적인 행동을 하고 있었던 것입니다. 사실 초등 1학년의 그림이라는 것이 예전처럼 인물의 움직임을 정확하게 담거나 풍경과 배경을 모두 색칠해야 하는 것은 아닙니다. 요즘은 그리기 기준이 많이 달라졌지요. 그러나 아이들은 점점 자기가 보는 것과 그릴 수 있는 것과의 차이를 인정하는 게 힘듭니다.

명수는 겁을 먹고 그림 그리기를 꺼렸기 때문에 표현력이 발전할 수 없었지요. 중요한 것은 명수의 마음을 읽어 주는 것입니다. 그렇게 행동하게 된 이유를 알아차려 주면 아이는 심리적 안정감을 보장받게 됩니다. 그리고 '너는 할 수 있어.'라는 믿음 가득한 시선을 보내 주는 것입니다. 명수는 이날 울음을 터뜨렸지만, 다음부터는 태도가 조금씩 달라졌습니다. 하다 보면 좋아질 것이니 지금은 어떻게 그려도 괜찮다는 것을 배운 듯합니다. 그림이 완성되면 어떤 생각으로 그렸는지 물어봐 주고 칭찬해 주니 더욱 힘이 나기도 했나 봅니다.

명수는 조금씩 사람의 형태를 그리게 되었고, 낙서 같은 그림 속에서 형체를 들추어내 무엇을 그렸는지 설명했습니다. 친구들 그림과 같이 칠판에도 붙여졌지요. 명수는 여전히 소리 지르고 뛰어다니며 친구들과 다툼도 합니다. 그러나 적어도 그림을 그려야 하는 순간이 오면 두려워하지 않고 도전합니다.

　명수 어머님과 이야기하였습니다. 명수는 어릴 때부터 엄마한테 그림을 그려 달라고 하고, 자신은 하지 않았다고 합니다. 자기는 못 그린다면서 말입니다. 눈에 보이는 인지 판단력과 손의 협응력 차이가 다른 아이들보다 컸던 것이지요. 자신감은 자꾸만 떨어지게 되었고요. 자신감을 잃은 아이는 전반적인 분야에서 포기하고 말썽을 피우는 것으로 자신을 감추려고 한 셈입니다. 물론, 명수가 의도를 가지고 한 행동은 아니지만, 상황이 이렇게 만들어진 것입니다.

　말 한마디 따뜻한 시선은 아이의 마음을 바꿀 수 있습니다. 아이의 마음을 읽어 주세요. 잘 그리고 싶지만 못해서 속상한 아이의 마음을 알아주고 믿어 주는 것만으로 아이는 자신이 인정받고 있다고 생각합니다. 명수는 아직 여러 가지로 성장 중이지만, 그림 그리기에서 용기를 내기 시작한 것은 큰 발전이라고 생각합니다.

　안정되지 않은 마음 때문에 여기저기서 부적응을 보이는 아이들을 볼 때마다 안타깝습니다. 무언가 한 가지라도 자신감을 주고 싶지요. 초등 1학년은 그림 그리기를 많이 하므로 그리기로 자신감을 심어 줄 계기를 만들어 보면 좋겠습니다.

《느끼는 대로》(피터 레이놀즈, 2004, 문학동네)

《점》(피터 레이놀즈, 2003, 문학동네)

이런 책을 읽어보세요

《느끼는 대로》와 《점》은 느끼는 대로 마음껏 그린 그림도 작품이 될 수 있다는 것, 점만 찍어도 그림이 될 수 있다는 사고의 전환을 보여 주는 그림책입니다.

《느끼는 대로》에 나오는 레이먼은 자유롭게 그리기를 좋아하지만, 형은 비웃습니다. 의기소침해진 레이먼을 동생 마리솔이 그의 그림을 방안에 모두 붙여 미술관처럼 꾸미며 위로해 줍니다. 레이먼의 그림을 보면서 잘 그린 그림이란 무엇인지 함께 이야기하는 시간을 가지면 좋겠습니다.

《점》은 하고 싶은 대로 그려 보라는 선생님의 말씀에 주인공 베티가 점을 찍어 보면서 자신감을 회복하는 과정을 담고 있습니다. 베티의 얼굴에 점점 웃음이 번져갈 때 아이들도 용기가 생길 것입니다.

책 놀이 **아이 그림을 액자에 넣어 걸어 주세요**

그림 그리는 일은 새로운 세상으로 떠나는 모험의 시작입니다. 모두가 똑같이 그리는 것보다 다르게 보고, 다르게 느끼는 것을 그리는 일이 얼마나 소중한 경험인지 아이에게 이야기해 주세요.

공부도, 독서도, 놀이도 집중력이 부족하고 끈기가 부족한 아이들은 잘 해내기가 어렵습니다. 그런 경우 그리기로 자신감을 찾도록 아이가 그린 그림을 놓고 함께 이야기하고 관심을 두세요. 그리고 아이 그림을 액자에 넣어 현관 입구처럼 잘 보이는 곳에 걸어 주세요. 아침저녁으로 아이 그림이 화제의 중심에 오를 것입니다. 두꺼운 도화지에만 붙여도 멋집니다. 아이는 자기 그림이 관심받는 것으로 사랑받고 있음을, 신뢰받고 있음을 깨닫게 될 것입니다.

소극적인 아이,
작은 성공 경험 쌓기

모든 면에서 소극적인 민석이가 있습니다. 발표할 때나 모둠별 역할 놀이 시간에도 참여하지 않고 그저 입을 꼭 다물고 있지요. 자신이 나서서 뭔가 하는데 두려움을 갖고 있습니다. "나는 잘하지 못해요. 안 할래요."라는 말을 자주 하지요.

소극적인 아이들은 내가 한 일이나 선택이 잘못되면 어떻게 하지 싶은 걱정과 불안이 큽니다. 민석이 같은 아이들은 학급에 꼭 있습니다. 입학 후 적응기인 3, 4월보다는 본격적으로 학습을 시작하는 5월 즈음에 두드러지는 경우가 많습니다. 어머님들이 가장 많이 걱정하는 사례입니다. "우리 아이는 소심해서요. 우리 아이는 마음이 여려서요." 하면서 혹시 다른 아이들 사이에서 치일까 봐 신경 쓰는 것이지요.

아마 이전에 실패했던 경험이 자리 잡고 있어서 그럴 수도 있습니다. 아니면 기질적으로 소심한 경우일 수도 있지요. 원인에 따라 도와줄 방법이 다르기는 하지만, 소심한 성격을 그대로 인정한 채로 작은 성공 경험을 쌓아 보는 것이 중요합니다. 실패했을 때 실망하지 않는 것도 중요하지요. 그래서 부모님이 보는 범위 내에서 작은 실패들을 겪어 보는 것도 좋은 해결 방법입니다. 곁에서 괜찮다고 말해 줄 수 있기 때문입니다.

민석이가 잘하고 좋아하는 것이 무엇인지 살펴보았습니다. 가만히 보니 쉬는 시간에 혼자 컵 쌓기 놀이를 열심히 했습니다. 반에서 소극적인 아이들이 주로 컵 쌓기 놀이를 합니다. 우리 반에서 가장 인기 있는 놀잇감은 '수 큐브'라는 것인데, 서로 차지하려고 치열하다 보니 소극적인 아이들은 굳이 그 놀이를 하려고 하지 않습니다.

그러던 어느 날, 아이들이 깔깔깔 웃고 난리가 났습니다. 민석이가 의자까지 놓고 올라가 높이 컵 쌓기를 하고 있었습니다. 남 앞에 나서기를 꺼리던 민석이의 모습은 어디에도 없었습니다. 아이들끼리 감탄하며 무척 즐거워 보였습니다. 이렇게 아이들이 자발적으로 놀이할 때는 개입하지 않는 것이 원칙입니다. 스스로 조절 능력을 키워 가는 과정이기 때문이죠.

민석이는 무척 기분 좋은 얼굴로 컵 쌓기를 했습니다. 그런데 바로 옆을 지나가던 다른 친구가 모르고 툭 치는 바람에 그만 쓰러지고 말았지요. 민석이는 낙심한 표정이었습니다. 작은 일에도 금세 소심해집니다. 조용히 민석이 마음을 읽어 주었습니다.

"민석이가 더 높이 쌓을 수 있었는데 망가졌구나. 괜찮아. 다음에 더 높이 쌓아 보자."

민석이는 고개를 끄덕였습니다.

다음 쉬는 시간, 민석이는 컵 쌓기 놀이를 하지 않았습니다. 아무래도 아주 속상했나 봅니다. 그리고 다음 날 쉬는 시간, 민석이와 몇 명이 다시 컵 쌓기를 하고 있습니다. 그런데 높이 올라가는 민석이의 도전을 친구들이 응원합니다. 민석이는 의자를 놓고 올라가 다른 친구들이 쌓았던 것보다 더 높이 쌓았습니다. 친구들이 손뼉을 칩니다. 저는 그 순간을 얼른 사진으로 찍어 주었지요. 아주 작은 경험이지만 다시 하면 된다는 것을 깨닫는 순간이었습니다.

타고난 성격 때문에 모든 일에 적극적이기는 어려울지 몰라도, 이렇게 작은 도전부터 성공하는 경험을 한다면 얼마든지 이겨낼 수 있습니다. 오히려 차분하고 진정성 있는 신중함 때문에 더 잘할 수 있는 일도 많습니다. 민석이 어머님께 이 순간에 찍은 사진을 보여 드리고 작은 일부터 해내도록 도와주자고 전했습니다. 그리고 아이가 해내려고 노력할 때 긍정적인 모습으로 응원해 주자고 하였습니다. 아이들은 엄마의 표정을 통해 자신의 상을 결정하니까요. 엄마가 불안하고 걱정스럽고 짜증스럽게 아이를 바라보면 아이도 자신을 그렇게 생각합니다.

높이와 길이를 공부하는 수학 시간에 모둠별로 높이 쌓기 게임을 하는 날이었습니다. 민석이네 모둠이 운 좋게 컵 쌓기 도구를 선택할 수 있었고, 우승도 했습니다. 초등 1학년은 이렇게 작은 경험들이 학습으로 연결되기 시작하는 시기입니다. 시험을 잘 보는 것만이, 공부를 잘하는 것만이 성공 경험은 아닙니다. 작은 놀이, 만들기, 그리기 등으로 마음을 읽어 주고, 다시 도전하도록 기다려 주고 손뼉 쳐 주세요.

《아름다운 실수》(코리나 루켄, 2018, 나는별)
《나는 소심해요》(엘로디 페로탱, 2019, 이마주)

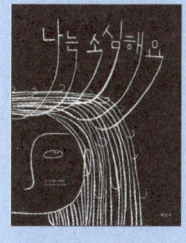

이런 책을 읽어 보세요

《아름다운 실수》는 그림을 그리다 튀어 버린 잉크 얼룩이 어떻게 변신하는지 위트 있게 보여 줍니다. 크게만 보였던 얼룩이 점점 더 확대되어 가면서 아무것도 아닌 작은 점에 불과했다는 사실을 알려 줍니다. 우리가 살면서 하는 실수 하나하나는 사실 살다 보면 아무것도 아닐 수 있다는 인생의 철학을 깨닫게 하지요. 심지어 이 작은 얼룩은 아름다운 그림으로 재창조되는 숭고한 과정도 보여 줍니다. 아이들이 계속 "와와!" 하는 감탄으로 책을 읽습니다.

《나는 소심해요》는 소심한 성격 자체를 고치고 극복하기보다는 그대로 인정해야 한다는 메시지를 담고 있습니다. 간결한 일러스트로 그것도 괜찮다는 메시지를 보내는 그림책입니다. 극복하려고 노력하지만, 오히려 자신의 소심함을 인정한 뒤부터 달라지는 주인공의 태도와 표정은 그림에서 확연하게 느낄 수 있습니다.

책 놀이 커다란 종이에 노란 풍선을 잔뜩 그려 보세요

《아름다운 실수》의 마지막 장면에서 노란 풍선을 매단 바구니를 타고 날아가는 장면이 인상적입니다. 마치 그동안 쌓아 두었던 두려움과 걱정, 남의 눈치만 보고 소심했던 마음 같은 것을 모두 털어 버리고 떠나는 기분이 듭니다.

아이와 함께 커다란 종이 가득 노란 풍선을 그려 보세요. 노란색 색연필로 도화지 가득 그리거나 색종이로 오려 붙여도 좋습니다. 또 노란 풍선을 타고 하늘 높이 날아가는 모습도 표현해 보세요. 작은 실수나 실패로 주눅 들고 자신감을 잃은 아이는 이런 활동을 통해 마음속 응어리를 풀어낼 수 있습니다. 응어리를 씻어 냈다면 작은 경험부터 다시 시작하면서 성공 경험을 쌓게 하세요.

화 잘 내는 아이,
화내는 진짜 감정 깨닫기

선생님과 친구들을 힘들게 하는 아이 가운데 가장 어려운 경우는 분노 조절이 안 되는 아이입니다. 어쩌면 가정에서는 자신의 욕구가 다 통용되고, 어려움을 겪기 전에 부모님이 해결해 주어서 부모님이 보기에는 심각하지 않은 경우도 있습니다. 그런데 공동생활을 하는 학교에서는 자신의 감정이나 욕구를 스스로 슬기롭게 조절해야 하는데, 그것을 잘하지 못하고 화를 내는 아이들이 많습니다.

유민이는 특히 심했습니다. 하루에 서너 번은 화를 냅니다. 욕하거나 이상한 어른 말을 하면서 툴툴대고 물건을 던지기도 하지요. 친구들과 놀다가도 화를 내는 것은 당연합니다. 당연히 모둠 활동은 어렵지요. 수업 시간에도 공책에 낙서하거나 과격해지면 찢기도 합니다.

결국, 자주 화를 내는 유민이는 모두가 기피하는 존재가 되었고, 친구들과 놀고 싶은 유민이는 더욱 친구들에게 화를 내는 악순환이 반복되었습니다. 이미 유치원 때부터 이런 방식으로 친구 관계를 맺어 온 터라 유민이는 자신의 마음을 몰라주는 친구들이 밉기만 했습니다.

어머님과도 여러 번 상담했습니다. 유민이가 어릴 적에 경제적인 문제, 시댁과의 갈등, 유민이 동생의 유산 같은 여러 문제가 있었다고 합니다. 지금은 많은 부분 해결되고, 어머님 마음도 편안해진 상태랍니다. 그러나 그 과정을 함께 보았던 유민이는 마음의 상처가 깊어져 이런 방식으로 표출해 왔습니다. 사실 어른들의 문제는 늘 존재할 수밖에 없습니다. 다만, 아이가 이런 시련을 극복하도록 따뜻한 마음으로 보살펴 주는 것만이 답입니다.

일단 화가 났을 때는 스스로 조절하는 것부터 시작해야 합니다. 숨을 크게 쉬어 보는 것이지요. 실제로 호흡을 가다듬는 것만으로도 큰 진정 효과가 있다고 합니다. 그런데 화나는 상황에서 무조건 참거나 넘기는 것이 유민이에게는 어려운 일이기 때문에 근본적인 해결이 필요하겠지요.

화를 잘 내는 아이는 타인을 공감하는 능력이 부족합니다. 내가 화를 내면 상대방은 어떤 느낌을 받을지 몰라서 화를 잘 내지요. 다른 이유는 화내는 진짜 감정이 무엇인지 모르는 경우입니다. 화낸 감정 밑에 숨은 자신의 진짜 감정이 불안인지, 걱정인지, 상처인지, 관심인지 모르는 경우가 많습니다. 화내는 진짜 감정을 아이가 알아차리게 하면 좋습니다. 그러면 엉뚱하게 화내는 일을 줄일 수 있으니까요. 예를 들면, 친구들에게 "저리 가!"라고 화내는 원인이 함께 놀고 싶어서라는 것을 아이의 눈높이에서 차근차근 설명해 주세요.

아이들이 학교생활을 하다 보면 이런저런 문제가 생길 수 있습니다. 그런데 아이들은 엄마의 눈빛을 보고 자신의 행동을 정합니다. 엄마가 따뜻한 신뢰의 눈빛을 보내면 아이는 힘을 내서 문제를 해결하고, 엄마가 불안의 눈빛이나 화난 눈빛을 보내면 아이는 사태를 더욱 심각하게 여깁니다. 물론, 해결 양상은 예측할 수 없게 어긋나거나 길어지게 되겠지요. 이런저런 위기들은 생기기 마련인데, 어떻게 넘기느냐에 따라 아이들은 성장의 정도가 달라집니다. 현명한 엄마는 위기를 같이 겪으며 넘겨주어야 합니다. 위기는 지나가는 문제입니다. 인생의 끝이 아니지요.

어머님은 유민이와 둘만의 시간을 정기적으로 보냈습니다. 같이 마트도 가고, 외식도 하고, 외할머니 댁도 가면서 그때의 생각이나 느낌을 자유롭게 표현하도록 했습니다. 과거 속상했던 일에 대해 이야기하는 시간도 가졌습니다. 자기 감정이나 생각을 이야기하면서 마음속 진짜 감정을 깨우쳐 가는 시간을 가졌습니다. 어머님의 이런 노력은 유민이의 행동을 달라지게 했습니다. 유민이 얼굴이 편안해졌고, 화내는 빈도가 줄었습니다.

몇 번의 노력으로 완전히 달라지지는 않습니다. 유아기의 부족한 사랑과 애착은 회복하는 데 오랜 시간이 걸립니다. 유민이 어머님은 이 사실을 깨닫고 계속 노력했습니다.

유민이는 2학기로 가면서 훨씬 더 마음의 안정을 찾았습니다. 모둠별 역할 놀이할 때면 무조건 주인공을 하겠다고 우겼었는데, 이제는 의논할 줄 알게 되었습니다. 그 모습을 사진 찍었는데, 표정이 너무나 환했습니다. 어머님도 사진을 보고 마음이 환해졌다고 합니다. 아이의 성장은 엄마의 성장이기도 합니다. 지나간 과오가 있다면 지금부터 해결할 의지를 갖추고 집중하면 됩니다. 초등 1학년이라면 충분히 가능합니다.

《화가 나서 그랬어!》 (레베카 패터슨, 2016, 현암주니어)
《마음을 바꿔 봐》 (안영현, 2015, 참글어린이)

이런 책을 읽어 보세요

《화가 나서 그랬어!》는 표지 그림부터 아이의 마음이 보이는 책입니다. 화가 난 아이라면 이 책을 보는 것만으로도 자신의 마음이 이해받고 있음을 알 것입니다. 주인공 벨라는 감정 표현이 서툴러 그때마다 화를 냅니다. 특히, 벨라는 동생 때문에 화가 납니다. 심술궂은 표정과 떼쓰는 모습을 보면서 아이들은 공감도 하고, 그 모습이 보기 좋지 않다는 것도 배웁니다.

《마음을 바꿔 봐》에서는 해결 방법을 알려 줍니다. '한 번, 두 번, 세 번… 숨을 들이쉬고 내쉬고 천천히 세어 보자. 호흡을 세면서 올라오는 마음을 가만히 느끼면 된단다.' 마음을 다스리는 방법을 이렇게 책을 읽으며 함께 연습하면 아이에게 큰 힘이 될 것입니다. 마음먹기에 따라 세상이 얼마나 달라질 수 있는지 아이들 눈높이에서 천천히 설명해 줍니다.

책 놀이 화난 벨라 그림을 벽에 붙이고, 화날 때마다 포스트잇을 붙이세요

우리 교실에서 아이들이 적극적으로 참여했던 활동입니다. 《화가 나서 그랬어!》에 나오는 벨라 그림 위에 화가 날 때마다 포스트잇을 붙이는 것입니다. 포스트잇에는 간단하게 화나는 이유까지 쓰면 되는데, 쓰기 싫으면 그냥 붙이기만 해도 됩니다. 이렇게 포스트잇을 붙이는 잠깐 화낸 자신을 돌아보며 마음을 다스리고 화를 누그러뜨리기에 충분한 시간이 됩니다.

벨라 그림은 아이들이 직접 그려도 좋고, 복사해서 붙여도 됩니다. 입을 크게 벌리고 외치는 벨라 목소리가 어디선가 들리는 듯합니다. 바로 우리 아이의 마음을 대변하는 것 같습니다. 큰 소리로 책을 읽는 것도 좋습니다. 내 마음을 표현하기에 서툰 아이들에게 해소의 효과가 있습니다.

마음대로 하며 떼쓰는 아이,
부족하거나 넘치지 않게 제한하기

우석이는 자기 마음대로만 하려는 아이입니다. 수업 시간에는 그냥 놀고, 줄을 서지 않으며, 글쓰기는 전혀 하지 않습니다. 노래 부르기나 게임할 때만 적극적으로 참여합니다. 복도에서는 항상 뛰고, 아무 때나 물 먹으러 나가며, 혼잣말도 큰소리로 해서 늘 소란합니다. 공동생활에서 기본적으로 지켜야 할 것을 하지 않습니다. 우석이는 학교 시스템을 자기 시간에 맞추고 싶은 것이지요. 물론, 그런 마음이 들 수도 있습니다. 그러나 보통 초등 1학년의 발달 차원에서 보면 매우 미숙한 행동입니다. 우석이는 이런 행동을 하면서 전혀 미안한 마음이 없다는 것도 문제입니다. 자신이 원하는 것을 왜 못하게 하느냐고 항의하며 떼쓰기 일쑤였습니다.

우석이 마음이 알고 싶어졌습니다. 잘하고 싶은데 안돼서인지, 학교 수업에 흥미가 없는 건지, 그냥 규칙을 지키지 않는 게 편해서인지 말입니다. 한글 해득도 마쳤고, 수학 학습에도 문제가 없는 거로 봐서 우석이는 자기 마음대로 하고 싶은 욕구가 강한 것으로 보였습니다.

보통 통제를 많이 받고 자란 아이는 부모님이 없는 곳에서 자기 마음대로 하고자 하는 욕구가 강해집니다. 대부분 너무 엄격하거나 체벌을 통해서 억지로 해왔던 경우에 그렇습니다. 아이가 스스로 생각하고 경험하면서 자율성과 자기 조절력을 키워야 하는데, 이런 경험이 쌓이지 못한 것이지요. 우석이 역시 그랬습니다. 엄마는 아이를 잘 가르치려는 의도였겠지만, 아이는 자기 마음대로 할 수 있는 것들이 없다 보니 마음이 비뚤어진 것이지요. 아이들은 욕구가 채워지지 않으면 화가 쌓여 떼쓰는 문제 행동을 보입니다. 부모님이 원하는 대로 아이를 끌고 갈 것이 아니라, 아이를 신뢰하며 원하는 것이 무엇인지 살피는 따뜻한 부모가 되어 주어야 하는 이유입니다. 부모의 지나친 간섭이 불러온 역효과입니다.

어머님은 아이의 부정적인 행동을 끊임없이 지적하고 개입하면서 고쳐 주려고 하였습니다. 그러나 이제는 마음대로 하며 떼쓰는 아이를 이길 수 없다고 합니다. 온종일 아이한테 "안 돼, 하지 마."라는 말만 하게 되었답니다.

우석이의 문제를 어떻게 도와줄 수 있을까요? 아이를 너무 간섭하지 말아야 합니다. 그렇다고 너무 허용해서도 안 되겠지요. 아이들은 간섭하면 답답해하지만, 무조건 허용하면 자신을 보호해 주는 울타리가 없어져 불안함을 느낍니다. 부족하거나 넘치지 않게 적절한 제한을 주어야 하지요. 예를 들면, 복도에서 뛰는 아이에게는 "복도에서 뛰고 싶었는데, 못하게 해서 서운하구나. 그런데 복도에서 뛰는 건 안 돼. 쉬는 시간 운동장에서 뛰어노는 건 마음껏 해도 돼."와 같이 대처 방안까지 함께 알려 줍니다. 아이의 마음은 받아 주면서 하면 안 되는 행동에 대해서만 분명하게 제한해 주면 됩니다.

또한, 우석이처럼 똑똑한 아이의 경우는 자기 행동을 스스로 판단하고 결정할 시간을 주어 자기 조절력을 키워 주는 것도 좋습니다. 생각할 시간을 주는 것이지요. 매일 선택하고 결정할 수 있는 과제를 주고 기다려 주세요. 이런 과정을 통해 책임감과 자기 조절력이 쑥쑥 자라납니다.

《부루퉁한 스핑키》 (윌리엄 스타이그, 2000, 비룡소)
《내 안에 공룡이 있어요!》 (다비드 칼리, 2019, 진선아이)

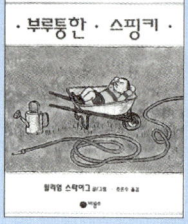

이런 책을 읽어 보세요

《부루퉁한 스핑키》는 가족 누구도 스핑키가 자기만의 생각과 감정이 있다는 걸 알아주지 않자 화가 납니다. 이 세상이 자기에게 함부로 대한다고 생각해 스킹키도 이 세상을 싫어하기로 합니다. 결국, 가족들이 스핑키 마음을 풀어 주려고 노력하는 것을 알고 부루퉁했던 마음이 풀어지지만, 쉽게 화해하지 못하지요. 아이들의 마음이 이렇습니다. 이 책을 통해서 가족의 사랑을 느끼게 됩니다.

《내 안에 공룡이 있어요!》에서는 방 정리를 할 때마다 방해하는 공룡이 나타납니다. 하기 싫은 일을 꼭 해야 할 때 아이들 속마음을 그대로 잘 보여 주는 책입니다. 그냥 내 맘대로 하고 싶은 마음이지요. 마음대로 하고 싶어 떼쓰는 우석이 마음과 같아 보입니다. 이렇게 자신의 마음을 읽어 주는 책을 함께 보면 아이들 마음에 큰 위로가 됩니다. 자기도 몰랐던 자신의 마음을 알게 되니 말이지요. 자기 마음대로만 하는 브론토 메갈로사우루스에게 핑계를 돌릴 수도 있습니다.

책 놀이 부루퉁한 공룡을 커다랗게 그려 보세요

꼭 해야 하는 일인지 알지만 하고 싶지 않을 때는 내 마음속에 공룡이 들어와 방해하기 때문이라고 믿는 것은 어떨까요? 부루퉁한 공룡을 커다랗게 그리며 함께 그 마음을 표현해 보세요. 하기 싫은 것도 꼭 해야 한다는 잔소리는 이미 익숙하니, 오히려 하기 싫은 아이의 마음을 이런 식으로 공감해 주는 것이지요. 마음껏 어지르면서 놀고 싶었던 마음을 공룡이 대신해 주는 것입니다. 해소의 효과도 있습니다. 책이 주는 위로의 순간입니다.

02

사회성이 좋은 초등 1학년 되는 비결

친구와 어울리지 못하는 아이,
풍부한 놀이 경험 갖기

초등 1학년 교실에는 항상 갈등을 일으키는 아이가 있습니다. 대부분 관계 맺기에 서툰 아이들이죠. 서툰 이유는 첫째 엄마와 긍정적인 애착 관계가 형성되지 않았고, 둘째 타인의 감정을 살필 줄 모르며, 셋째 자신의 속마음도 잘 표현할 줄 모르기 때문입니다. 특히, 초등 1학년 초반에는 이러한 문제들로 갈등하는 아이들이 생깁니다. 유치원과의 차이를 크게 느끼지 않고 적응하도록 1학년 교실에는 놀잇감도 많고, 놀이 시간도 꼭 있습니다. 아이들은 서로 모르는 사이에서 놀이하다가 금세 친구가 되고, 친구가 생기면 학교생활이 즐거워집니다. 이렇게 중요한 시기에 계속 분쟁을 유발한다면, 당연히 좋은 친구를 만들 수 없지요.

학기 초 아이들은 모든 친구와 잘 지내야 한다고 생각합니다. 어쩌면 아직 타인에 대한 관심이 덜하고, 선생님이나 부모님 말씀을 잘 들어야 한다고 생각하는 순수한 시기라고 할 수 있지요. 유치원에서 잘 배운 친구들도 많아서 말썽을 피우거나 미숙한 친구들을 잘 도와주기도 합니다. 그래서 3월에는 큰 갈등 없이 잘 지내는 편입니다. 모두가 아직 속마음이 덜 드러난 상태이지요. 1학년 담임을 오래 하다 보니 저절로 보이는 관계에 대한 분석입니다.

4월이 지나면서 시종일관 갈등을 유발하던 친구들은 좀 더 존재가 부각됩니다. 그동안 선한 뜻을 가지고 잘 지내려고 노력하던 친구들 마음이 본격적으로 돌아서는 시기이지요. 그중에서 지지 않으려고 다투는 아이들도 있습니다. 그런 관계 속에서 말썽을 피우는 아이들끼리 분쟁도 많고, 서열을 만들려는 남학생들의 갈등도 심해집니다. 묘하게도 이러한 과정을 거치면서 공동체는 조금씩 안정을 찾아갑니다. 그 안에는 훌륭한 인성을 지닌 친구들이 있기 때문이죠. 동호는 바로 그런 아이입니다. 늘 밝은 표정이며, 다투는 모습을 본 적이 없습니다. 갈등을 조정할 줄도 알기 때문이지요. 놀이 규칙도 함께 의견을 나누며 정하고, 말썽꾸러기가 끼어도 배려하며 같이 잘 놉니다.

어느 날, 동호가 우리 반에서 인기 있는 놀잇감 수 큐브를 가지고 혼자 놀았습니다. 그런데 욕심을 부리던 석호가 동호의 놀잇감을 휙 빼앗아 갑니다. 다른 아이들 같으면 싸우거나 선생님께 이르는 방법을 택했을 텐데 동호는 좀 달랐습니다. 동호는 혼자 조용히 앉아 있다가 석호에게 갔습니다.

"먼저 가지고 놀았는데 네가 빼앗아서 화나고, 예의가 없는 친구라고 느껴져."라고 자신의 감정을 또박또박 차분하게 말하였습니다. 그러고는 "우리 서로 잘 지내려면 어떻게 해야 할까?"라고 물으니, 당황해하던 석호가 "미안." 하고 사과하였습니다. 이 일을 계기로 석호는 친구들과 어울리기 위해서는 예의를 지켜야 한다는 것을 배웠을 것입니다. 이런 과정을 거치면서 동호는 더 멋진 아이로 성장했고요.

석호는 그저 같이 놀고 싶은 마음만 있었지 친구들과 어울리는 방법을 몰랐던 것입니다. 항상 시끄럽게 뛰어다니고 노는 것을 좋아하지만, 정작 친구들과 다툼만 많고 함께 어울리지는 못했습니다. 유아기에 친구들과 상호작용하면서 놀았던 경험이 없었던 것이지요. 풍부한 놀이 경험은 사회성이나 언어 발달도 함께 키워 주는데, 부족하면 놀이에 대한 이해나 대인관계 이해력도 매우 낮습니다.

그렇다면, 어떻게 도와주는 것이 좋을까요? 땀을 뻘뻘 흘리며 놀 수 있도록 충분한 공간과 시간이 필요합니다. 안전하고 즐겁다고 생각하는 공간에서 말이지요. 예를 들면, 나를 무한으로 지지하는 엄마가 보고 있는 동네 놀이터가 좋습니다. 아이들은 자신을 지지하는 엄마의 믿음 안에서 신나게 놀았을 때 자존감이 커집니다. 조금 다치거나 낯선 사람이 다가와도 엄마가 도와줄 수 있기 때문에 안심하고 놀 수 있지요. 석호는 놀이터에 엄마와 가 본 적은 없다고 합니다. 엄마는 직장에 다니고, 동생도 돌봐야 해서 늘 혼자 놀았다고 합니다. 아이를 데리고 학교 운동장이나 동네 공원에 가 보세요. 공놀이나, 줄넘기, 자전거 타기도 할 수 있습니다. 캠핑하거나 가까운 산으로 등산하는 것도 공간 확장의 효과가 큽니다.

   몸을 쓰고 마음을 쓰는 놀이는 몸과 마음을 건강하게 합니다. 유아기에 부족했던 경험을 지금이라도 채워 주세요. 놀이가 부족하면 공부 머리도 자라지 않습니다. 특히, 밖에서 운동할수록 뇌 발달에 좋다고 합니다. 다양한 놀이는 소뇌를 통해 몸의 움직임을 기억했다가 필요할 때 재생합니다. 그래서 위험한 순간에 무의식적으로 몸이 움직여 다치지 않도록 대처합니다. 또 놀이를 통해서 자신만의 즐거움을 만드는 능력은 추상적인 사고력으로 이어집니다. 초등 1학년은 아직도 친구들과 상호작용을 통한 풍부한 놀이 경험이 필요한 시기입니다.

《친구를 모두 잃어버리는 방법》 (낸시 칼슨, 2007, 보물창고)
《친구랑 싸웠어!》 (시바타 아이코, 2006, 시공주니어)

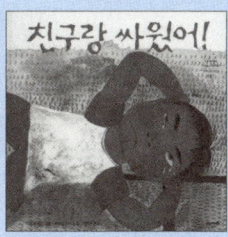

이런 책을 읽어 보세요
《친구를 모두 잃어버리는 방법》은 친구와 잘 어울리지 못하는 아이들에게 가장 직접적인 메시지를 주는 책입니다. 오히려 혼자되기 가장 좋은 방법 즉, 친구를 잃어버리는 비법을 역설적으로 알려 줍니다. 다음 6가지입니다. 적나라함 때문에 아이들에게 읽어 주면 반응이 무척 뜨거운 책입니다. 잔소리나 훈계보다는 아이들 마음을 직접 움직이기 좋은 방법입니다.
① 절대로 웃지 말기 ② 모두 독차지하기 ③ 심술꾸러기 되기
④ 반칙하기   ⑤ 고자질하기   ⑥ 앙앙 울기

《친구랑 싸웠어!》는 친구랑 싸우고 화해하는 과정까지 솔직하게 담았습니다. 주인공 다이는 가장 친한 친구인 고타와 싸웠습니다. 이길 수 없게 되자 화가 납니다. 억울한 마음에 만두를 먹자는 선생님의 제안도 거절하고, 고타의 사과도 받아주지 않습니다. 그런데 엄마가 가져온 만두를 먹고 어느새 화가 풀리는 과정이 천진하게 그려졌습니다. 감정 상태에 따라 빨갛게 변하는 얼굴색이 인상적입니다. 화면 가득한 아이들의 모습과 감정이 그대로 느껴져서 읽는 동안 분노도 같이 사라집니다.

책 놀이 친구와 싸우고 싶을 때 또는 싸웠을 때의 기분을 담은 표정을 그려 보세요

《친구랑 싸웠어!》 표지 그림에서 붉으락푸르락 달아오른 다이의 표정을 보는 순간부터 아이들은 나도 그랬을 때가 있다고 고백합니다. 친구와 싸웠을 때 또는 싸우고 싶었던 순간이 있었지요? 그럴 때의 기분을 담은 표정을 그려 보세요. 왜 그랬는지에 관해서도 이야기해 보세요. 잠깐의 숙고를 통해 자기 감정을 들여다볼 수 있고, 친구의 마음도 살펴볼 수 있습니다. 화났던 마음도 풀어지고요. 이야기를 마치고 만두를 먹는 것도 재미있겠습니다.

자기표현 못하는 아이,
자투리 시간 꾸준히 대화하기

1학년 담임을 오래 하면서 꼭 만나게 되는 아이 중에 자꾸 우는 아이가 있습니다. 울음으로 문제를 해결하는 습관이 고착된 경우, 학교에서도 이렇게 합니다. 성수가 그런 아이에 속합니다. 쉬는 시간이나 수업 시간에도 무언가 마음에 맞지 않으면 울기부터 합니다. 이유를 묻고 달래도 보지만 전혀 통하지 않습니다. 점심시간 메뉴로 새우 볶음밥이 나온 날, 성수는 식판을 든 채로 울었습니다. 어머님과 상담하면서 알았는데, 성수는 새우 알레르기가 있었습니다. 성수는 울지 않고 자신을 표현할 방법을 몰랐던 것입니다.

이런 경우에는 자기 의견을 표현하는 법을 구체적으로 알려 주어야 합니다. 가정에서 자주 연습하면 좋겠지요. 이야기도 많이 해 본 아이가 잘합니다. 하고 싶은 이야기나 마음을 표현할 능력을 길러야 합니다. 표현력은 연습하면 매우 좋아지는 능력입니다. 그런데 맞벌이 가정에서 저녁에만 잠깐 부모님을 만나는 아이는 부모님과 살가운 대화를 나눌 물리적인 시간이 너무 적습니다. 반면, 함께 있는 시간은 많지만, 부모님도 아이도 스마트폰이나 텔레비전 시청을 하면서 시간을 보낸다면 그것도 효율적이지 못합니다. 의사 표현력은 자투리 시간에 오가는 일상적인 대화를 통해 향상합니다. 그렇다면, 의사 표현 제대로 하는 아이로 자라게 하려면 어떻게 해야 할까요?

첫째, 엄마가 이야기의 샘플을 보여 주세요. 엄마가 겪은 일을 아이 입장에서 이해하도록 알려 주는 것이지요. 직장에서 있었던 일, 마트에서 겪은 일, 집에 오면서 본 하늘 이야기 같은 다양한 것을 들려주세요. 또는 함께 겪은 일을 이야기해 봅니다. 이를 통해 아이는 자기 생각을 이야기하는 방법, 어휘 선택 방법, 질문하는 방법, 듣는 방법을 배웁니다.

둘째, 아이의 말에 충분히 반응하며 들어 주세요. 엄마의 가치 판단보다 따뜻한 호응은 아이 마음을 위로하고 격려합니다. 혹시 힘들었던 일을 스스로 이야기할 수 있습니다. 이런 연습이 잘된 아이는 다른 사람 앞에서도 용기 있게 자기 의견을 잘 이야기하고, 타인의 의견도 잘 듣습니다. 그야말로 바람직한 의사 표현력이 생기는 것이지요.

셋째, 아이의 의견을 물어봐 주세요. 엄마의 질문이 중요합니다. 상황별 구체적으로 질문하고, 생각이나 기분도 물어봅니다. 예를 들면, 목욕하고 책을 읽을지, 책을 읽고 목욕할지 같은 작은 것부터 결정할 기회를 주면 좋습니다. 상황에 따라 어떻게 의사 표현하면 되는지 연습하는 계기가 됩니다. 또 자신이 존중받고 있음도 알게 되어 좀 더 신중하게 결정하게 되지요. 혹시 잘못된 결정이라도 몇 번의 실패를 겪게 하는 것도 필요합니다. 스마트폰 영상을 보거나 텔레비전을 볼 때도 아이의 생각을 물어보세요. 이 프로그램은 어떤 점이 재미있는지, 다른 사람에게 보여 준다면 추천할 만한지 같은 의견을 말이지요.

아이는 이야기하면서 자기 생각을 스스로 정리할 줄 알고, 생각지 못한 일에 대해서는 다시 생각하는 시간을 갖게 됩니다. 그리고 부모님과 그런 이야기를 나누는 과정에서 의사 표현의 즐거움을 경험할 것입니다.

의사 표현 잘하는 법

《엄마가 달려갈게!》(김영진, 2017, 길벗어린이)
《아빠가 달려갈게!》(김영진, 2017, 길벗어린이)

이런 책을 읽어 보세요

《엄마가 달려갈게!》와 《아빠가 달려갈게!》는 아이에게 명료한 메시지로 답을 주어 감동적인 책입니다. 언제든 도움을 요청하면 달려가겠다는 메시지는 아이들에게 얼마나 큰 힘이 될까요. 이 책들을 함께 읽으며 엄마 아빠의 마음도 똑같다는 것을 알려 주세요.
"네가 어디에 있든 엄마는 항상 너를 느낄 수 있어."
"힘들어 뒤돌아보면 언제나 거기 있을 거야. 아파서 눈물이 날 때 함께 울어 주고, 잠들지 못하는 밤에는 모험 가득한 이야기를 들려줄게."
아이는 배고플 때, 심심할 때, 잠이 안 올 때 엄마를 부릅니다. "걱정하지 마, 엄마가 달려갈게!"라는 답이 옵니다. 엄마 아빠의 이 든든하고 따뜻한 호응을 읽으며 아이는 마음이 통하고 있음을 느낍니다. 언제든지 엄마 아빠를 부를 수 있어 행복할 것입니다.

책 놀이 따뜻한 응원의 편지를 주고받아 보세요

이 책을 읽으면 부모님들도 내 아이에게 편지를 쓰고 싶어집니다. 아이를 처음 만났을 때부터 어떤 기분이었는지, 일상의 순간마다 얼마나 고맙고 사랑하는지 표현할 수 있습니다. '어떤 엄마가 될 거야, 어떤 아빠가 될 거야.'라는 소신도 보여 줄 수 있습니다.
실제로 편지를 쓰고 읽는 과정은 한 단계 성장한 의사 표현의 시작입니다. 편지가 아니라면 휴대폰 메신저로 보내도 좋습니다. 종이에 쓰는 것보다 좀 더 편하고 위트 있게 소통할 수 있을 것입니다. 따뜻한 응원의 편지를 아이와 주고받아 보세요. 아이의 의사 표현력은 쑥쑥 자라날 것입니다.

친구를 차별하는 아이,
나와 남이 다름을 인정하기

수업이 시작되면 학습은 전혀 못 하고, 돌아다니거나 소리를 지르는 소민이라는 아이가 있었습니다. 모둠 활동을 할 수 없었고, 교실 밖으로 나가서 위험할 때도 있습니다. 정서 장애와 주의력 결핍 장애를 같이 가지고 있었지요. 인지 능력도 부족하지만 특수 학급에 갈 정도는 아니었습니다. 학교생활에 적응하는 것을 꽤 어려워해서 부모님과 상담도 여러 번 하였습니다.

소민이는 반 아이들과 충돌이 잦았고, 함께 어울리는 일은 쉽지 않았습니다. 사실 같은 학령기이기 때문에 무조건 이해하고 도와주라고 하는 것도 무리입니다. 더구나 1학기에는 서로를 탐색하고 알아가는 상황이라서 아이들은 점점 소민이와 같이 놀거나 수업하는 것을 힘들어했습니다.

아이들 가운데 지영이는 유난히 소민이를 이해하지 못했습니다. 대부분의 아이들은 소민이를 지켜보면서 좀 다른 친구라는 것을 알고, 놀잇감을 양보하거나 모둠 활동에서 빼주는 식의 융통성을 발휘했는데, 지영이는 그렇지 않았습니다. 소민이와 여러 번 충돌이 있고 난 후로는 더욱 심했지요. 복도에서 뛰거나 화장실에서 장난친 것, 수업 시간에 다른 것을 하거나 틀리면 바로 선생님에게 이릅니다. 다른 친구들과 똑같은 상황이 벌어져도 유독 소민이한테만 너그럽지 못했습니다. 심지어 소민이 발을 걸기도 했습니다.

우리 사회는 다양한 사람들이 어울려 살고 있습니다. 사람들은 모두 생김새나 말투, 행동이 다릅니다. 성격이나 생각도 다 다르지요. 소민이도 반 친구들과 다른 것일 뿐입니다. 다름을 인정하고 그 차이를 존중하는 자세가 필요합니다.

또 다른 경우도 있습니다. 미국에서 살던 일본 학생이 전학 왔습니다. 아빠는 일본인이고 엄마는 한국인입니다. 영어와 일본어는 잘하는데, 한국말은 한마디도 못 했습니다. 한국인이지만 중국에서 살다 와서 한국말은 잘못하는 아이도 있었습니다. 교실에서는 이렇게 다른 아이들이 공존하고 있습니다. 다양한 생각을 하는 다양한 사람들과 함께 살아가는 시대입니다. 국적이나 출신은 물론 학벌, 성별, 장애, 나이조차도 차별할 수 없습니다. 나와 다름을 인정하고 함께 살아가는 태도는 미래 가치에서 가장 중요한 역량으로 꼽힙니다. 누구와도 잘 어울릴 수 있어야 하지요.

과거에는 이념과 갈등으로 전쟁이 났다면, 이제는 차별과의 전쟁이기도 합니다. 다름을 인정하고 받아들이고 수용하며 이해할 수 있어야 합니다. 나와 다른 남을 인정하는 것, 이것은 인격의 성숙 정도를 보여 주는 지표입니다. 미숙할수록 나와 다른 것을 용인하지 못하지요. 나와 다른 상대방을 이해하고 용인하지 못할 때 갈등은 커집니다.

나와 남이 다르다는 것을 인정하면 상처 주는 행동도 피할 수 있고, 이해하는 마음도 생깁니다. 사람들과 잘 지내는 비결은 역설적이게도 타인이 나와 다르다는 것을 충분히 인식하는 데 있습니다. 초등 1학년 아이들에게 꼭 가르쳐야 할 덕목입니다. 그러기 위해서는 "도대체 너는 왜 이러냐?"라고 성급히 다그치기 전에 인격체로 존중해야 합니다. 아이가 겪는 이런저런 상황에 대해 함께 이야기하고, 어떻게 해야 잘 지낼 수 있는지 좋은 방법을 함께 찾아보아야 합니다.

《체스터는 뭐든지 자기 멋대로야》 (케빈 헹크스, 2009, 비룡소)
《시끄러운 밤》 (조시 셀리그, 2015, 어린이작가정신)

이런 책을 읽어 보세요
《체스터는 뭐든지 자기 멋대로야》는 너무도 다른 체스터의 친구 만들기 이야기입니다. 체스터는 자기 생각이 뚜렷하고, 무슨 일이든 자기 방식대로 합니다. 샌드위치는 세모로 자르고, 신발 끈은 두 겹으로 묶고, 아침 메뉴도 똑같습니다. 친구 윌슨도 마찬가지입니다. 그래서 둘은 친구가 됩니다. 그러다가 팔다리 여기저기에 반창고를 붙이고, 뒷주머니에는 물총을 넣어 다니고, 밖에 나갈 때는 꼭 변장하는 독특한 아이 릴리가 나타납니다. 고양이로 변장한 릴리 덕분에 위기를 모면한 후 셋은 친구가 됩니다. 이제 세모꼴로 빵 자르는 것은 더는 중요하지 않습니다.

《시끄러운 밤》도 너무 다른 두 친구의 이야기입니다. 너와 내가 다르듯, 레드와 옐로우도 서로 달라 부딪힙니다. 레드는 잠을 자야 하는 옐로우 때문에, 옐로우는 한밤중에 떠들썩하게 노는 레드 때문에 화납니다. 창의적으로 극적 해결을 하기까지는 말입니다. 바로 조용히 연주하는 것이지요. 무척 간단하지만 명쾌한 해결입니다.

책 놀이 레드와 옐로우가 사이좋게 지낼 방법 세 가지를 찾아보세요
《체스터는 뭐든지 자기 멋대로야》에 나오는 체스터와 윌슨, 릴리, 빅터처럼 우리 모두는 서로 다릅니다. 서로의 다름을 진심으로 느끼고 이해하면, 다른 사람을 있는 그대로 받아들일 수 있습니다. 두 책을 모두 읽으면서 서로 다른 타인을 인정하는 것이 얼마나 중요한지 이야기해 보세요. 그러면 서로의 입장에서 생각하고 배려하며 차이를 극복할 방법도 생길 것입니다.

《시끄러운 밤》의 레드와 옐로우가 눈앞에 닥친 문제를 해결하고 어떻게 하면 사이좋게 지낼 수 있을지 세 가지 방법을 찾아보세요. 공존의 올리브 나무에서 함께 살려면 어떻게 해야 할지 말이에요.

부끄러움 많은 아이,
따뜻하게 호응해 주기

우리 아이가 부끄러움이 많아서 걱정이라는 학부모님들이 많습니다. 가정에서는 조잘조잘 이야기를 잘하다가도 밖에 나오면 목소리가 작아진다고 말이지요. 그런데 대부분 초등 1학년 아이들의 공통점입니다. 아직 사람들 앞에서 자기 생각이나 감정을 표현하는 것이 어색하거나 익숙하지 않아 그렇습니다. 우리 아이가 척척 하기를 바라지만, 연습 없이 잘할 수는 없습니다. 연습만 된다면 아이들은 얼마든지 잘할 수 있습니다. 다른 사람 앞에서 말이나 행동하는 것에 부끄러움이 많은 경우에는 억지로 하라고 다그치기보다 천천히 기다리며 기회를 주는 것이 좋습니다. 예를 들면, 4월 중순부터 5월이면 보통 학부모 공개 수업을 합니다. 1학년 공개 수업 시간에는 대부분 돌아가면서 간단한 발표를 합니다. 공평한 기회를 주는 것이지요.

세 문장 정도로 말하는 것이라서 며칠 전부터 학교나 집에서 연습하게 합니다. 그러면 자신감이 부쩍 생겨 용기 있게 발표를 잘 해냅니다. 간혹, 부끄러워 이마저도 어려워한다면 "사람들 앞에서 말하는 게 어렵구나. 네가 수업 시간에 무엇을 배웠는지 엄마 아빠한테 알려 주려고 하는 거야. 엄마 아빠한테 알려 줄 수 있을까?", "만약 네가 발표하지 않으면 어떤 일이 생길까?"라고 이야기 나누고, 천천히 연습하며 용기를 북돋아 주세요. 절대 행동을 강요하거나 다그쳐서는 안 됩니다. 아이들 입장에서는 무척 부담스러운 자리입니다. 그렇지만 대부분의 아이가 씩씩하게 잘합니다. 부모님들의 아낌없는 칭찬과 호응 덕분에 뿌듯한 성취감을 느끼는 계기도 되지요. 이렇게 기회가 있을 때 자신감을 느끼게 하는 것은 매우 좋습니다.

우리 반에서는 발표할 때 호응을 잘하는 것도 연습합니다. 듣는 사람들이 환호하면 용기가 나고 더 잘할 수 있지요. 모둠별로 역할 놀이나 발표가 있을 때 다른 모둠이 얼마나 호응을 잘하는지 점수에 넣기도 합니다. 그러다 보면 호응을 재미있게 잘하려고 더 잘 듣는 효과도 있습니다.

이런 과정을 어려워하는 친구들도 있습니다. 정아는 부끄러움이 많아 친구들 앞에서 선뜻 자기 의견을 말하지 못하고, 발표는 더욱 힘들어합니다. 친구들과 놀이에서도 한계가 있습니다. 어머님과 상담하니 집에서는 이야기를 잘한다고 합니다. 그래서 어머님께 부탁드렸습니다. 자기 생각이나 감정을 표현하는 법을 알려 주고, 할 수 있도록 응원하고, 따뜻하게 호응해 주라고요. 예를 들면, 학교에서 있었던 일을 엄마에게 말하면 잘 들어 주고, 밝은 표정으로 반응해 주는 것입니다. 간혹 아이와 대화한다고 생각하지만, 사실은 질문하거나 지시만 하는 경우도 많습니다. 엄마가 더 많이 말하기도 하지요.

소통은 이야기를 들어 주는 것입니다. 아이의 이야기를 천천히 묻고 호응하면서 들어 주는 것부터 연습하세요. 엄마가 잘 들어 주면 다른 사람들도 내 이야기를 잘 듣는다고 생각하여 학교에서나 다른 사람을 만났을 때 이야기하는 것에 자신감이 붙습니다. 사실은 아이가 부끄러움이 많다기보다 대화하는 것에 두려움이 있는 것일 수 있습니다. 대인관계를 잘 맺으려면 엄마와의 관계에서 연습이 사회생활 기술로 잘 발전해야 합니다. 아이가 더 많이 말할 수 있도록 도와주세요. 아이들은 늘 엄마와 이야기하고 싶어 합니다. 혹시 엄마가 바쁘거나 시간적인 여력이 안 된다면 주 양육자인 누구라도 좋습니다. 할머니, 할아버지나 이모, 삼촌도 괜찮습니다.

어머님의 노력으로 정아는 차츰 자신감을 찾아갔습니다. 또한 엄마의 이른 출근 시간으로 인해 덩달아 등교 시간이 빨라져서 아침마다 선생님과 이야기 나누는 시간이 생겼습니다. 이 시간에 정아는 매일 새로운 이야깃거리를 가지고 왔습니다. 간혹, 부모님이 싸운 이야기도 하고, 그때 기분도 솔직하게 잘 말했습니다. 정아를 지켜보니, 밝고 신중한 아이였습니다. 부끄러움에 감춰진 정아만의 장점입니다. 누구에게나 장점이 있습니다. 부끄러움 타는 성격에 집중하지 말고, 아이의 장점을 먼저 봐주세요. 아이가 자신의 장점을 깨닫고 용기를 갖게 도와주세요. 그러면 자신을 사랑하는 마음이 싹트고, 점점 자신감도 생길 것입니다.

선생님과 좋은 관계를 유지하면서 정아는 수업 시간에 발표도 어렵지 않게 해냈습니다. 친구들에게 같이 놀자는 말도 먼저 할 줄 알게 되었습니다. 매일매일 아이의 이야기를 들어 주고 따뜻하게 호응해 주세요.

《너무 부끄러워!》 (크리스틴 나우만 빌맹, 2012, 비룡소)
《나도 해볼래!》 (로리 라이트, 2018, 갈락시아스)

이런 책을 읽어 보세요
《너무 부끄러워!》는 부끄러움을 극복하고 활발해지라고 말하는 책이 아니라, 부끄러움 많은 성격이어도 커다란 장점이 있다고 용기를 줍니다. 레아는 친구에게 새치기를 당해도, 수업 시간에 화장실에 가고 싶어도 말 못하고 참기만 합니다. 그러다 친구들 앞에서 그림자 토끼 만드는 법을 보여 주기로 했는데, 적극적인 비올레트에게 기회를 놓칩니다. 어느 날, 레아는 위기에 처한 비올레트를 구해 줍니다. 비올레트는 눈치 빠르고 조심스러운 레아를 무척 고마워하지요. 부끄러움이 많은 성격이 오히려 장점으로 부각됩니다.

《나도 해볼래!》의 주인공인 리니도 쑥스러워서 하기 싫은 일이 많습니다. 그럴 때마다 하지 않으면 어떤 일이 벌어질지 곰곰이 생각하며 마음을 다스리려고 합니다. 리니가 망설이는 순간과 그 순간을 이겨내려는 생각을 반복하며 읽다 보면 나도 '해 볼 수 있지 않을까?'라는 생각을 하게 됩니다.

책놀이 나만의 〈나도 해볼래!〉 책을 만들어 보세요

《나도 해볼래!》는 아이에게 읽어 주고, 아이의 생각을 묻고, 아이의 답을 듣는 등 함께 이야기하며 읽을 수 있는 책입니다. 책을 읽은 후에는 나만의 〈나도 해볼래!〉 책을 만들어 보세요. 평소 부끄러움이 많아서 하지 못했던 것들을 담아 작은 책을 만드는 것입니다. 예를 들면, 레아와 리니가 부끄러워서 못했던 '친구들에게 나비 춤 가르쳐 주기', '좋아하는 친구에게 고백하기', '쉬는 시간에 코 풍선 만들기', '모르는 사람에게 인사하기', '치과에 가기'처럼 말이죠.

배려 넘치는 아이,
생활에서 모범 보이기

배려는 사회성 발달의 기본입니다. 그런데 주변 사람을 배려할 줄 아는 초등 1학년을 만나기는 쉽지 않습니다. 아직 자기 입장에서만 생각하는 아이들이 더 많습니다. 다만, 상황에 따라 배려심을 발휘하거나, 어른들의 칭찬을 받기 위해 의도적으로 행동하기는 합니다. 이 시기 아이들의 자연스러운 행동입니다. 또 아이들은 배려하는 행동을 했을 때 칭찬받으면 그것이 옳은 행동인 줄 깨닫게 됩니다. 아이에게 상황에 따라 배려하는 행동을 알려 주고, 직접 실천하는 기회를 주면 좋습니다. 예를 들면, 퇴근한 아빠께 시원한 물 한 잔을 가져다드리는 것, 열이 나 아픈 동생 머리에 물수건을 주는 것, 식사 후 식기를 싱크대에 가져다 놓는 것처럼 아이들이 가정에서 할 수 있는 일은 무한합니다. 가사 노동 차원이 아니라 엄마 아빠와 동생을 배려하는 마음으로 작은 일들을 하게 하는 것이지요. 더 좋은 방법은 평소에 엄마가 배려 깊은 행동을 몸소 보여 주는 것입니다. 가족 안에서 이런 경험이 쌓이면 밖에서도 자연스럽게 타인을 배려하는 행동을 합니다.

배려할 줄 아는 아이들은 크게 두 가지로 요약할 수 있습니다. 하나는 가정에서 배려 깊은 행동을 많이 보고 자란 아이들이고, 다른 하나는 항상 존중받아 와서 자존감이 높은 아이들입니다. 늘 안정되어 있고 풍족한 사랑을 받은 아이는 마음도 따뜻해서 저절로 주변 사람의 마음을 헤아릴 줄 압니다. 특히, 개구쟁이나 이기적인 친구들이 흔들어도 크게 스트레스받지 않고 휘둘리지도 않지요. 학급에는 그런 아이들이 꼭 있습니다.

태연이는 엄마와 사이가 아주 좋습니다. 방과 후 데리러 오는 엄마와 조잘조잘 다정하게 이야기 나누며 매일 소통합니다. 태연이는 집에 가서 잠시 쉬었다가 학원 한두 군데를 다니는데, 스케줄도 무리가 없어 보입니다. 월요일 아침 주말에 있었던 이야기를 들어 보면, 아빠와 함께 여행도 자주 하는 단란한 가족입니다. 태연이는 행동도 바르고, 책읽기도 아주 좋아합니다. 주변에 친구들도 많습니다. 무척 안정적이고 자존감도 높은 아이지요. 어머님과 상담하니, 아이를 존중하고 늘 믿는 마음으로 지켜본다는 것을 알 수 있었습니다.

그러던 어느 날, 태연이의 새로운 면을 발견하는 일이 있었습니다. 교실에는 언제나 쓰레기가 존재합니다. 무책임하게 버리는 아이들은 늘 있기 때문이죠. 자기 주변 쓰레기를 주우라고 하면 자기가 버린 것이 아니라며 모른 척하는 아이들이 있습니다. 특히, 1학년은 더욱 그렇지요. 내가 버린 것도 아닌데, 치우라고 하니 억울합니다. 1학년 시기의 도덕성 발달과 관계가 있습니다. 수업 사이사이 쓰레기를 치우지 않으면 방과 후 교실에는 쓰레기가 엄청 납니다.

수시로 자기 자리 치우기, 쓰레기 10개 줍기 같은 미션을 주고 주변 정리를 하게 합니다. 이날도 자리 정리 시간에 자기가 버린 것이 아니라고 모른 척하는 아이가 있었습니다. 바로 그때 다른 아이 한 명이 얼른 뛰어나와 쓰레기를 주웠습니다. 쓰레기 때문에 이러쿵저러쿵하는 상황을 보고 싶지 않은 것이지요. 보통의 초등 1학년생한테는 보기 힘든 마음입니다. 상황에 따른 도덕성이 발달한 것이지요.

남의 자리까지 치워 주는 그 아이를 칭찬해 주었습니다. 그 순간 태연이는 어떤 행동이 옳은 행동인지 알게 되었나 봅니다. 이후로 자기 자리가 아니더라도 정리 시간이 되면 자발적으로 교실을 다니며 쓰레기를 모아 버립니다. 선생님의 시선은 신경 쓰지 않고 묵묵히 그런 행동을 하는 것을 우연히 보았습니다. 태연이는 배려하는 방법을 이런 방식으로 빠르게 배운 것입니다.

초등 1학년 교실에서는 선생님이 알려 주면 대부분의 아이는 배려하는 행동을 잘 수행합니다. 물론, 자기 쓰레기를 옆으로 밀어 두었다가 선생님이 볼 때만 치우거나, 쓰레기를 아무 데나 버리는 아이도 있습니다. 자리 정리를 못하는 데다 친구들을 배려할 줄 모르는 경우이지요. 교실에서는 이렇게 서로 비교되는 상황이 벌어질 수밖에 없습니다.

공동생활을 통해 자신의 부족함을 깨닫고 좋은 점을 배울 수도 있고, 반대로 나쁜 행동을 계속하기도 합니다. 배려할 줄 아는 기본 마음이 잘 체득되어 있는 태연이와 같은 아이들은 공동생활을 통해 더욱더 배려심 많은 아이로 자라겠지요. 태연이 주변에 친구가 많고, 신뢰받는 이유도 거기에 있을 것입니다. 배려할 줄 아는 아이로 자라게 하세요.

배려하는 법

《털모자가 좋아》 (번 코스키, 2019, 미디어창비)
《행복한 줄무늬 선물》 (야스민 셰퍼, 2017, 봄볕)

이런 책을 읽어 보세요

《털모자가 좋아》의 해럴드는 줄무늬 털모자를 정말 좋아합니다. 털모자를 쓰면 다른 곰들보다 특별해 보인다고 생각합니다. 학교 갈 때도, 잘 때도 쓰고 잡니다. 그러던 어느 날, 까마귀가 해럴드의 털모자를 훔쳐 갑니다. 털모자를 되찾으려고 하지만 고생만 하고 화도 납니다. 그러다가 털모자가 아기 새들에게 따뜻한 둥지가 되어준 것을 발견합니다. 나만 알던 자아가 이제 타인에 대한 이해와 배려로 성장하는 순간을 그려내고 있습니다.

《행복한 줄무늬 선물》은 호랑이 칼레가 강아지, 딱정벌레, 기린, 아기 치타, 개구리 친구들을 만나면서 자꾸만 도와줄 일이 생기는 소동을 그립니다. 자기 줄무늬를 탈탈 털어 지붕을 고쳐 주고, 다리를 이어 주고, 배를 고쳐 주고, 횡단보도까지 고쳐 줍니다. 누군가에게 도움이 되는 일을 하고 칼레는 행복을 느낍니다. 나눔과 배려를 통해 얻는 자신의 성장입니다.

책 놀이 해럴드와 칼레에게 줄무늬를 선물해 보세요.

이 두 책의 공통점에는 줄무늬가 들어 있습니다. 그런데 해럴드는 줄무늬 털모자를, 칼레는 호랑이 줄무늬를 누군가에게 나누어 주어서 지금은 없어졌습니다. 그래도 마음은 행복한 두 친구에게 줄무늬를 선물하면 어떨까요?

해럴드에게는 색종이나 도화지로 줄무늬 털모자를 만들어 주고, 칼레에게는 줄무늬가 선명한 호랑이를 그려 주세요. 아이들은 배려할 줄 아는 해럴드와 칼레의 마음을 이해하게 될 것입니다. 나누어 준다는 것, 선물한다는 것의 즐거움도 함께 배울 것입니다.

03

학교생활에
잘 적응하는
초등 1학년
되는 비결

스스로 하는 아이,
책가방도 들어 주지 않기

학교생활은 자기 주도성을 배우는 곳입니다. 엄마들이 가장 원하는 것도 뭐든지 스스로 알아서 잘하는 아이겠지요. 그런데 엄마들은 아이 스스로 할 기회를 자꾸 빼앗습니다. 예를 들면, 책가방이 무거울까 봐 아이 대신 가방을 들어 주고, 준비물을 챙기지 못할까 봐 미리 준비하고, 학교에 지각할까 봐 옷을 대신 입혀 주고, 밥은 먹여 주지요. 아이들은 누구나 혼자 하고 싶은 자발적인 욕구가 있습니다. 아이가 스스로 할 수 있도록 기다려 주고 응원해 주어야 하지요. 그러나 빠른 결과만을 기대하고, 아이를 다그치는 엄마들이 많습니다. 그러면 아이의 자발적인 욕구는 사라지고, 오히려 아이는 엄마의 욕구대로 움직이는 것을 택하게 됩니다.

예전에는 교과서를 가지고 다니느라 책가방이 무거웠지만, 요즘은 교실에 두고 다니기 때문에 무겁지 않습니다. 준비물도 학교에서 거의 준비해 주니 연필이나 지우개, 공책 정도의 기본 학용품이나 가끔 수업 관련 준비물만 필요합니다. 충분히 스스로 챙길 수 있을 정도입니다. 옷도 스스로 골라 입을 수 있습니다. 옷 고르는 일은 취향과 주도성을 인정하는 중요한 과정입니다. 옷을 살 때부터 아이와 함께 의논해서 골라 보세요. 또 언제, 어떻게 입을지도 미리 이야기해 보면 좋습니다. 전날 밤 내일 입을 옷을 준비하는 식이지요. 처음에는 두 가지 정도의 옷을 준비해서 아이가 선택하게 하세요. 그러다 보면 차츰 아이는 옷 고르는 법을 터득하게 됩니다.

이런 기본적인 생활 습관이 아이들의 성격을 좌우하고, 심지어는 학습 능력으로도 이어집니다. 주도적인 생활 습관을 지닌 아이들은 공부하거나 공동생활할 때 적극적이고 주도적으로 활동하겠지요. 그러기 위해서는 무엇이든 스스로 할 수 있다고 아이를 응원하고, 아이가 무언가 해냈을 때 아낌없이 칭찬해 주어야 합니다. 부모님의 반응은 아이의 행동을 바꿀 수 있습니다. 아이가 잘못했을 때 부정적인 반응을 보이는 방법이나 미리 다그쳐서 결과를 끌어내는 방법 모두 바람직하지 않습니다. 실패를 통해 스스로 알아가도록 하는 것이 필요합니다. 아침에 늦게 일어나서 밥을 못 먹고 학교에 가면 수업 시간에 몹시 배고프다는 것을 스스로 깨닫는 것처럼 말입니다. 3교시쯤 되면 배고프다는 아이들이 많습니다. 대부분 아침밥을 못 먹고 오거나 대충 먹은 경우입니다. 배고픈 아이들은 아침밥을 먹는 것이 얼마나 중요한지 설명하지 않아도 알게 되지요.

스스로 하는 아이들은 자기 성취 경험이 많은 아이들이고, 자존감도 높습니다. 자기 자신에 대한 믿음이 크지요. 작은 일이라도 스스로 해냈을 때 믿고 칭찬해 준 부모님 덕분입니다. 원래 스스로 잘할 수 있는 아이에게 끊임없이 잔소리하고 엄마가 미리 해준다면, 아이는 아무것도 스스로 하려고 하지 않을 것입니다.

《용감한 아이린》(윌리엄 스타이그, 2017, 비룡소)
《옷 잘 입는 법》(전미경, 2017, 사계절)

이런 책을 읽어 보세요

《용감한 아이린》은 아픈 엄마 대신 드레스를 배달하러 갑니다. 하필 눈보라 치는 날이었죠. 공작부인과의 약속도 지켜야 하고, 드레스를 만든 엄마의 정성도 지켜야 합니다. 그런데 눈 폭풍에 한발 내딛기도 힘듭니다. 그러다 보니 날이 저물고, 드레스도 잃어버립니다. 빈 상자만 가진 아이린은 절망했고, 눈 속에 파묻힙니다. 엄마를 다시 못 볼 수도 있다는 두려움에 혼신의 힘을 다해 눈 속에서 헤쳐 나옵니다. 포기하지 않고 끝까지 약속을 지킨 아이린에게 공작부인과 엄마는 감동합니다. 자연과 대결하는 어려움도 이겨내는 아이린의 용기가 대단합니다.

《옷 잘 입는 법》은 스스로 하는 습관을 키우는 데 도움을 줍니다. 매일 아침 옷 고르는 법을 알려 주는 그림책입니다. 옷 잘 입는 비법은 자신감이라고 설명합니다. 나만의 스타일을 갖고 당당하게 입는 연습을 하도록 돕습니다. 아침마다 스스로 옷 입기를 이 책을 보고 연습할 수 있습니다. 옷 정리하는 방법도 알려 줍니다.

책 놀이 스스로 옷장 정리를 하고, 어울리는 옷끼리 골라 보세요

《옷 잘 입는 법》을 읽으면 옷에 대한 관심이 생깁니다. 내 옷을 찾기 좋게 종류별로 분류하고, 잘 어울리는 색끼리 모아 보는 것도 좋겠지요. 양말이나 속옷, 모자와 액세서리, 신발도 종류별로 모으면 정리도 되고, 입을 때 찾기도 편할 수 있습니다. 매일 아침 엄마와 의견 충돌이 일어나지 않게 미리 내일 입을 옷을 걸어 두는 방법으로 연결할 수 있습니다. 아이가 스스로 해냈다면 적극적으로 지지하고 응원해 주세요. 아이는 힘을 얻고 앞으로 계속 시도할 것입니다.

넘어졌을 때 일어서는 힘,
심미적 경험 쌓기

지민이는 참 밝은 아이입니다. 긍정적인 태도로 친구들을 대하고, 학습 과제를 할 때도 요리조리 생각을 바꾸어 가며 더 좋은 방법을 잘 찾아냅니다. 반짝반짝 빛납니다. 그림도 잘 그리는데, 무엇을 그리는지 설명도 잘해 주어서 아이들이 좋아하지요. 방과 후에는 방송 댄스를 배우는데, 얼마나 즐겁게 하는지 덕분에 같이 다니는 친구들이 늘었습니다. 또 학교 댄스 축제에 우리 반 여학생들을 모아 함께 출전하기도 했습니다. 항상 주변까지 밝게 만들어 주는 지민이를 보면서 어쩜 저렇게 주도적으로 학교생활에 적응을 잘할까 궁금했습니다.

지민이도 여러 가지 스트레스는 있습니다. 엄마가 직장에 다녀서 돌봄교실에서 많은 시간을 보내야 하고, 저녁 시간에도 엄마의 늦은 퇴근으로 언니와 보낼 때가 더 많다고 합니다. 그러나 지민이는 건강한 마음으로 자기 조절을 잘 해내는 아이입니다. 스스로 시간을 알차게 보내고 책임감 있게 해야 할 일도 해내지요. 남는 시간에는 그림도 그리고, 책도 읽고, 춤도 춥니다. 스스로 이것저것 하면서 자신의 취향을 찾아가다 보니 스트레스를 잊게 되는 것이지요.

지민이는 기본적으로 삶을 향유할 줄 압니다. 아직 어리지만 소소한 행복의 기쁨을 아는 것 같습니다. 책읽기나 댄스, 그리기를 학원에서 배우는 게 아니라 스스로 즐기면서 창조해내기 때문이지요. 이런 습관이나 체험은 인생관을 만들어 가는 데 바탕이 됩니다. 이때 배우고 익힌 예술적 체험들은 살면서 힘들고, 외롭고, 상처받았을 때 견디는 힘이 되어줄 것입니다. 바로 회복 탄력성입니다. 불안의 시대를 사는 요즘은 회복 탄력성이 더욱 필요로 하지요. 아이들이 공부만 한다면 안쓰럽습니다. 놀 줄도 알아야 하고, 스트레스를 해소하는 방법도 갖추어야 합니다.

아이의 회복 탄력성을 위해서 다양한 심미적 경험을 쌓아 주세요. 심미적 경험이란 자연 현상이나 예술적 산물에 대한 즐거움이나 아름다움을 느끼는 경험을 말합니다. 예를 들면, 함께 여행하고, 영화나 연극도 보고, 그림을 그리거나 감상도 하고, 악기도 연주하는 경험을 많이 해야 합니다. 알리키 브란덴베르크의 아름다운 그림책《소리 산책》에서처럼 다채로운 소리를 하나씩 흡수하며 동네 한 바퀴 산책하는 것부터 시작해 보면 좋겠습니다. 예술적 경험은 참 가까이에 있습니다.

초등 1학년이면 보통 시작하는 피아노, 바이올린, 태권도, 축구 같은 예체능으로 심미적 경험을 쌓아 주어도 좋습니다. 단, 아이가 즐겁게 참여할 수 있는지 따져 보고 천천히 결정하세요. 그리고 집중해서 배우려면 한 번에 한 가지씩이어야 합니다. 그래야 학년이 올라가면서도 지속할 수 있는 취미가 되니까요. 이런 취미를 구축하는 것이 삶을 윤기 있게 사는 비결이겠지요. 초등 1학년에게도 꼭 필요한 삶의 기술입니다.

《프레드릭》 (레오 리오니, 1999, 시공주니어)
《아벨의 섬》 (윌리엄 스타이그, 2001, 다산기획)

이런 책을 읽어 보세요

《프레드릭》과 《아벨의 섬》은 황폐한 삶을 사는 가운데서도 예술 덕분에 삶의 용기를 얻을 수 있다는 아름다운 진리를 보여 줍니다.

프레드릭은 다른 쥐들이 추운 겨울을 나기 위해 양식을 모을 때 햇빛을 모으고 시를 씁니다. 프레드릭의 시는 겨울 동안 음울하게 버티는 쥐들에게 밝은 빛이 됩니다. 겨울을 이기는 힘이 되지요.

무인도에 표류하게 된 아벨은 섬을 탈출하기 위해 갖은 노력을 하고 고난을 겪습니다. 절망, 슬픔, 분노 속에서도 끈질긴 인내와 도전으로 버텨 냅니다. 불을 피우고 그릇을 구워 삶을 이어갑니다. 그러면서 자신이 조각과 데생에 재능이 있음을 발견합니다. 예술적 재능은 품위 있는 삶을 지키게 합니다. 자신을 돌아보고 꿈을 발견하게 합니다. 살다가 힘들 때 견디게 해주는 예술적 휴식이 될 수 있습니다.

책 놀이 책을 읽은 후, 질문을 만들고 토론해 보세요

《프레드릭》과 《아벨의 섬》은 1학년 아이들에게 조금 어려운 개념일 수도 있습니다. 그러니 책을 읽어 주고 함께 이야기 나누면 좋습니다. 그리고 질문을 만들어 보세요. 예술의 의미가 무엇인지 근접해 보는 것이지요.

- 프레드릭이 일을 하지 않고 시를 쓰고 있을 때 다른 친구들의 기분은 어땠을까요?
- 심심할 때 노래를 들으면 어떤 기분이 드나요?
- 지난번 미술관에 가서 보았던 그림 중에 아직도 기억나는 그림이 있나요?

이렇게 주제에 접근하는 대화를 하다 보면, 본질적인 예술이란 무엇인가에 대한 궁금함이 생길 것입니다. 정답은 없지만, 다양한 예술적 체험을 하게 되면서 나는 어떤 예술을 접할 때 기분이 좋아지고 휴식이 되는지 인식하게 됩니다. 살면서 힘들 때 예술적 경험이 에너지를 주고, 위로도 되어 줄 것입니다.

스스로 공부하는 아이, 관심 있는 것 발견하기

자연에 관심 많은 지훈이가 있습니다. 곤충이나 식물에 대한 지식도 풍부합니다. 그렇게 된 이유는 주말마다 시골 할머니 댁에 놀러 다니다가 저절로 자연과 친해졌습니다. 늘 들과 산을 다니다가 곤충과 식물을 만나면 무엇인지 궁금해하고, 궁금한 것은 그냥 지나치지 않고 해결하는 습관을 지녀온 것입니다. 자기 주도 학습력이 높습니다. 우선, 지훈이는 모르는 것은 바로 할머니 할아버지에게 물어보며 기초적인 궁금증을 해결했다고 합니다. 그런 다음에는 엄마와 도서관에 가서 관련 책을 찾아보며 깊이 있는 정보를 습득했다는 것입니다. 이런 노력 덕분에 지훈이의 글과 그림은 늘 세밀한 풀과 꽃, 곤충들로 내용이 풍부하고 재미있습니다. 친구들에게 곤충에 대한 설명도 즐겁게 할 줄 압니다.

초등 1학년인데도 이렇게 자기 주도 학습력을 키워 가는 모습이 몹시 대견했습니다. 모두 지훈이 어머님의 덕분이지요. 어릴 때부터 지훈이가 보이는 호기심에 적극적으로 반응해 주었다고 합니다. 그래서 지훈이는 또래보다 더 다양한 지식과 정보, 창의적인 표현력과 문제 해결력을 갖추게 되었습니다.

아이들이 가지는 작은 호기심에도 관심을 두고 지원해 주세요. 아이가 잘하는 것, 좋아하는 것을 단정하기보다 찾아가는 과정을 함께해 주세요. 중요한 것은 자기 주도 학습력입니다. 스스로 배울 능력이 된다면 언제든지 자신이 원하는 것을 해낼 수 있기 때문이지요. 4차 산업혁명 시대의 미래 인재형에서도 가장 중요한 덕목입니다.

수학 시간에 덧셈을 배울 때도, 국어 시간에 겹받침이 들어간 낱말 읽기를 할 때도, 통합 교과 시간에 겨울철 안전 장비를 배울 때도 자기 주도 학습력을 갖춘 아이들은 빛이 납니다. 스스로 먼저 생각해서 수업을 주도하고, 호기심을 갖고 질문할 줄 압니다. 초등 1학년에서 시작되는 이러한 능력은 학년이 올라가면서 발휘할 기회들이 더 늘어가겠지요. 요즘 우리 아이가 관심 있는 것은 무엇일까요? 늘 관심을 두세요.

《물이 좋아요》 (디르크 닐란트, 2017, 한솔수북)
《특별한 친구들》 (경혜원, 2014, 시공주니어)

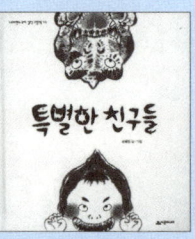

이런 책을 읽어 보세요
하루를 살아가는 데 얼마나 많은 물이 필요할까요? 《물이 좋아요》에서 클레어와 테드는 하루 동안 사용하는 물에 대해 살펴봅니다. 햇볕이 내리쬐어 교실이 더워지자 아이들은 물을 마시고, 오줌이 마려우면 화장실에 가서 볼일을 본 뒤 물을 내립니다. 공원에는 스프링클러가 꽃밭에 물을 뿌리고, 분수에서도 물이 뿜어져 나옵니다. 아이들은 물 위에서 폴짝거리며 즐겁게 놀고, 아이스크림도 사 먹지요. 직접 우리 생활 속에서 사용하는 물의 양이 얼마나 되는지 알아보는 것도 좋습니다. 물이라는 주제에 호기심을 가지는 탐구 과정입니다.
《특별한 친구들》은 공룡을 좋아하는 아이가 하굣길에 여러 공룡을 만나는 이야기입니다. 상상과 현실을 오가면서 자유롭게 공룡을 만납니다. 아이가 눈을 돌리는 곳이라면 어디든 공룡들이 등장합니다. 인도에는 프로가노케리스, 횡단보도에는 기가노토사우루스, 육교 밑에는 타르보사우루스, 가로등 옆에는 브라키오사우루스가 나타납니다. 이야기 속에 등장하는 공룡들은 일상 사물을 닮았습니다. 일상에서 자신이 좋아하는 공룡의 모습을 떠올린 아이는 자신만의 판타지 세계에서 비밀스럽게 만나는 것이지요. 아이들은 한 가지에 관심이 생기면 이러한 방법들로 집중합니다. 아이가 무엇에 관심이 있는지 꼭 찾아보고, 적극적으로 지원해 주세요.

책 놀이 관심 주제에 맞는 책 리스트를 만들어 보세요

아이가 물이나 공룡에 관심을 가지면 요즘은 찾아볼 수 있는 책들이 많습니다. 서점이나 도서관에 가서 직접 찾아볼 수도 있고, 인터넷으로 도서관이나 서점 사이트를 활용하여 검색할 수도 있습니다.

아이가 좋아하는 분야 또는 주제를 함께 찾아보고, 관련 책으로 리스트도 만들어 보세요. 무엇이든 알고 싶은 것이 있다면 책을 통해 찾아볼 수 있다는 것을 가르쳐 주세요. 예를 들면, 비에 대한 주제라면 《비가 오니 참 좋다》, 《비 오는 날》, 《아! 소나기다》, 《비 안 맞고 집에 가는 방법》, 《비가 주룩주룩》과 같은 책을 찾을 수 있습니다.

글자 쓰기 싫어하는 아이,
쪽지 편지부터 자주 써 보기

요즘 아이들이 한글을 다 안다고 하지만 사실은 그렇지 않습니다. 글자를 알고 읽을 수는 있지만, 독해가 가능한 읽기 능력과 자기 생각을 쓰기까지 하는 아이들은 많지 않습니다. 그래서 글자에서 낱말과 문장까지 읽고 쓰는 과정을 학습하는 것이 초등 1학년의 기본 학습 과정입니다. 예전처럼 10칸 공책에 몇 장 쓰는 것으로 한글 공부하던 시절은 지났습니다. 공책보다는 다양한 학습지와 그리기, 만들기 같은 표현 활동으로 글자를 익힙니다. 그 과정이 끝나면 글자가 많은 교과서와 동화책 읽기, 공책에 기본 글자 쓰기 연습을 반복합니다.

대부분의 아이가 글자 쓰기를 싫어합니다. 특히 집중력이 짧은 아이, 학습 능력이 부족한 아이, 손의 협응 능력이 떨어져 연필 잡기가 잘 안 되는 아이, 유아기에 너무 많이 쓰기를 해서 흥미를 아예 잃은 아이, 인내심과 만족 지연 능력이 부족한 아이들이지요. 낱말 10개 정도를 쓰게 하면 잘하는 아이들은 5분이면 충분한데, 1시간이 걸려도 어려워하는 아이들도 있습니다. 이 아이들을 끝까지 완성하게 이끄는 것이 교실 수업에서 가장 어려운 일입니다. 원인에 따라 처방이 다르겠지만, 크게 부담스럽지 않은 분량의 글씨 쓰기조차 힘들어한다면 반드시 문제가 있습니다.

우리 반에서는 포스트잇에 쓰기 연습을 많이 합니다. 작은 종이에 쓰기 때문에 아이들 부담이 적기 때문이죠. 글자를 익히기 위해서라기보다 내가 쓰고 싶은 내용을 쓰기 위해서라면 덜 어렵게 느낍니다. 조금씩 다른 크기의 종이로 바꾸어 보거나, 편지 쓰기로 이어져도 아이들은 부담 없이 쓰게 됩니다. 물론, 글자가 좀 틀려도 상관없습니다. 내용만 전달할 수 있으면 됩니다. 아이들이 한글 자신감을 키우는 게 우선이기 때문이지요. 그러다 보면 1학기가 끝날 즈음에는 그림일기를 쓸 정도로 성장합니다.

가정에서는 포스트잇에 편지 쓰기 같은 활동을 하면 좋습니다. 냉장고에 붙여 두고 가족끼리 의견을 모으거나, 먹고 싶은 메뉴 적기, 집안일 당번 정하기 같이 간단한 것들을 자꾸 쓰게 하면 글자에 대한 두려움은 사라지고, 필요에 의해서 글자 쓰기를 열심히 하게 됩니다. 학습 능력이 뛰어나고 사고력이 발달한 아이들은 A4 종이를 한 장씩 이어 이야기책을 만들어 보면 좋습니다. 글은 물론 그림을 그리고 색칠도 하면서 이야기를 구성하는 것이지요. 요즘 학교 수업에서는 책 만들기를 많이 합니다. 작은 책 접기부터 점점 더 큰 책으로 발전합니다. 아이들 눈높이에서 할 수 있는 만큼 글을 쓰고 그림으로 표현하는 일은 한글을 좀 더 유연하고 창의적으로 익히는 방법입니다. 공책 쓰기도 자연스럽게 해내게 됩니다.

《오늘은 무슨 날?》 (하야시 아키코, 2000, 한림출판사)
《리디아의 정원》 (사라 스튜어트, 1998, 시공주니어)

이런 책을 읽어 보세요

《오늘은 무슨 날?》은 쪽지 편지 쓰기의 정석을 보여 줍니다. 주인공 슬기는 엄마 아빠의 결혼기념일에 집안 곳곳에 쪽지를 숨겨 두고 하나씩 찾아가게 합니다. 쪽지를 모두 모아 첫 글자를 합치면 '엄*마*아*빠*결*혼*기*념*일*축*하'라는 문장이 됩니다. 아이의 기발한 발상과 가족 간의 사랑이 담긴 아름다운 책입니다.

《리디아의 정원》은 부모님의 사정상 가족이 뿔뿔이 흩어져 살아야 하는 절박한 상황에서 편지 쓰기를 통해 희망을 잃지 않은 리디아의 이야기입니다. 리디아는 외삼촌 댁으로 보내지기 전에는 뉴욕 외삼촌에게 편지를 쓰고, 뉴욕에 와서는 줄곧 시골에 있는 엄마 아빠에게 편지를 씁니다. 주제는 삭막했던 외삼촌 댁 옥상에서 꽃을 가꾸는 이야기입니다.

책 놀이 누군가에게 쪽지 편지를 써 보세요

글쓰기는 힘든 시간을 견디는 데도 큰 힘이 됩니다. 아이들이 자신의 마음을 10칸 공책이 아닌 곳에서도 표현할 기회가 있었으면 합니다. 책을 읽고 작은 포스트잇이나 예쁜 편지지에 편지를 쓰게 하세요. 축구를 가르쳐 주는 선생님도 좋고, 시골에 계신 할머니, 방탄소년단을 좋아하는 언니, 매일 같이 노는 짝꿍에게도 좋습니다. 좋아하는 대상에게 짧은 편지를 쓰면서 스스로 글쓰기의 즐거움을 느끼게 하세요. 한글 공부는 저절로 됩니다.

학교에 적응 못하는 아이,
공동체 규칙 수용하기

종현이는 학교생활에 적극적인 아이입니다. 다양한 문제 상황에서 머뭇거리고 망설임 없이 선뜻 결정합니다. 심지어 창의적인 아이디어로 생각지 못한 결과를 가져오기도 합니다. '이웃' 단원에서 동네 이웃들과 사이좋게 지내기라는 수업을 할 때입니다. 잔칫상을 상상하여 커다란 전지에 모둠별로 음식 그리기를 했습니다. 이때 종현이는 동네 어른들을 모시는 자리이니 술을 그려도 되냐고 물었습니다. 좋다고 하니 초록색 소주병을 근사하게 그려 넣었지요. 이런 센스 때문에 종현이는 늘 빛이 납니다. 언제나 주도적으로 생각하고 행동할 줄 압니다.

반대로 창조적으로 생산하는 것을 부담스러워하는 아이들도 많습니다. 선생님이 보여 주는 것만 하려는 것이죠. 조금만 어려워도 도전을 포기하고, 쉽고 단순한 반복 활동이라도 흥미를 갖지 않는 경우도 많습니다. 이렇게 학교생활에 적응하지 못한 아이들은 인지 능력이 미흡한 경우와 아주 뛰어난 경우 두 가지가 있습니다.

보통은 기본 인지 능력이 부족하여 학습 이해력도 낮습니다. 예를 들면, 국어 시간에 좋아하는 책을 골라 소개하는 글쓰기를 한다면, 1단계 좋아하는 책을 고르기도 어려운데, 2단계 소개하기와 3단계 글쓰기는 더욱 어렵겠지요. 이런 단계가 반복되면 아예 거부하거나 시작도 하지 않는 경우가 생깁니다. 자신에게는 너무 어려운 과제라고 생각하는 것이지요. 그런데 학교 수업에서는 모두가 최상의 상태로 제출하는 것을 목표로 삼지 않습니다. 아이들의 능력에 따라 자기 수준에서 끝까지 해내려는 과정을 평가합니다. 따라서 적극적인 의욕을 가지고 참여하도록 기본 학습 능력을 갖추어야 합니다.

또 학습 능력이 우수하지만 성실하지 않은 아이들도 있습니다. 이 아이들도 학교생활에 적응하지 못한 경우입니다. 지식을 알기만 하는 것과 삶에 투영하여 표현하는 것과는 큰 차이가 있습니다. 그래서 책읽기만 좋아하고 다른 학습 과제에는 흥미를 보이지 않는 아이들도 고학년으로 올라가면서 학습 능력이 떨어집니다. 창의성도 구체적으로 표현해야지 머릿속에만 있는 것은 아무 의미가 없기 때문입니다. 지금의 교육 과정은 단순 학습보다는 표현의 기회를 더 많이 발휘하게 합니다. 특히, 초등 1학년의 학습은 지식 암기보다 자신의 역량을 이런저런 방법으로 끄집어내는 시간이 주입니다.

우리 아이가 수업 시간에 참여하지 않거나 하고 싶은 것만 하려고 한다면 원인이 어디에 있는지 먼저 찾아야 합니다. 원인에 따라 대처 방법이 달라지니까요. 학습 능력이 부족하다면, 기초부터 다지기 위해 한글 익히기와 책읽기로 집중력과 과제 수행 능력을 향상하도록 도와주어야 합니다. 또 인지 능력은 우수한데 학교에서 흥미 있는 것만 하려고 한다면, 원인이 심리적인 것에 있는지, 부정적인 학습 경험에 있는지 살펴보고 대처해야 합니다. 그래야 자존감을 회복할 수 있습니다.

학교생활에 잘 적응하기 위해 가장 중요한 일은 학급 공동체의 역할을 이해하는 것입니다. 학급에는 다 함께 지켜가는 공동의 약속이 있습니다. 예를 들면, 쉬는 시간에만 물 먹기, 줄넘기는 작게 접어서 들고 가기, 가위를 사용하지 않을 때는 뾰족한 곳을 잡고 제자리로 가져가기 같은 규칙 말이지요. 그런데 꼭 아무 때나 물을 먹겠다고 하거나, 줄넘기를 휘두르며 복도를 가거나, 뾰족한 가위를 그냥 흔들고 다니는 아이들이 있습니다. 규칙의 의미를 아직 파악하지 못한 아이들은 타인에 대한 인식이 부족한 도덕성의 문제입니다. 그래서 자신에게 적용되는 규칙은 허용적이어야 하며, 자신에게는 상관없는 규칙이라고 생각합니다. 이런 작은 갈등에서 누적된 불신은 관계를 나쁘게 할 수밖에 없습니다. 책을 많이 읽고 똑똑한 아이들의 경우에도 이런 문제가 자주 일어납니다.

대부분 공동체 의식이 부족했던 아이들도 2학기가 지나면서는 달라집니다. 또래 친구들보다 늦은 셈이지요. 일찍부터 공동체 의식이 있었더라면 친구들 사이에서 더욱 신망이 높은 아이가 되겠지요.

공동체 의식을 심어 주기 위해 학교에서는 작은 역할이라도 맡아 보는 활동을 자주 합니다. 예를 들면, 우리 반에서는 4인 1조 모둠에서 학습지나 안내문, 준비물을 나누어 주는 모둠장, 알림장이나 학습 과제를 확인하는 검사 반장, 국어 관련 도우미로 국어 반장, 수학 관련 도우미로 수학 반장의 역할이 있습니다. 작은 역할이지만 매일 실천하면서 아이들은 자신이 모둠 활동에 기여한다는 책임감과 소속감을 느끼게 됩니다. 공동체 의식의 시작이지요. 자신이 도움을 주는 존재라는 기쁨도 알게 됩니다. 단체 게임이나 학예회, 운동회, 체험 학습도 이런 경험을 확대하는 것이지요. 이런 활동에 적극적으로 참여하면서 아이들은 공동 규칙의 필요성과 소중함도 깨닫게 됩니다.

가정에서도 작은 일부터 공동 규칙을 존중하고 잘 지키는 일이 얼마나 소중한지 늘 이야기해 주고, 모범을 보여 주세요. 함께 살아가는 공동체를 존중하고 규칙을 잘 따를 수 있도록 가르쳐 주세요. 이런 규칙을 지키는 일이 창의성을 저해하고 권리를 침해받는 것이 아닙니다. 함께 살아가기 위해서는 같이 노력해야 하는 부분입니다.

학교생활 적응하는 법

《놀이터는 내 거야》 (조세프 쿼플러, 2018, 불광출판사)
《곰씨의 의자》 (노인경, 2016, 문학동네)

이런 책을 읽어 보세요
《놀이터는 내 거야》에서 조나와 레녹스는 놀이터를 자기만의 왕국으로 만들고 싶어 합니다. 그래서 자신들을 왕이라고 선언하고 놀이터 영역을 하나씩 점령해 가지요. 친구들에게 명령하고, 자기들 마음대로 하려고 합니다. 결국 친구들은 함께 다투는 대신 현명한 판단을 합니다. 놀이터를 떠나기로 한 것이지요. 아이들은 친구만 있다면 얼마든지 다른 공간에서 즐겁게 지낼 수 있습니다.
함께 이용하는 놀이터에서 마음대로만 하고 싶었던 조나와 레녹스는 뒤늦게 잘못을 깨닫고 '중요한 사과 프로젝트'로 놀이터를 다시 공동의 장소로 돌아가게 합니다. 아이들끼리 민주적인 방법을 찾아가는 과정이 잘 표현된 그림책입니다. 함께 잘 지내기 위해서는 노력이 필요함을 알게 된 것이지요.

《곰씨의 의자》는 좀 더 은유적인 책입니다. 혼자 지내던 곰씨의 의자에 토끼 친구가 찾아오자 곰씨는 의자를 함께 사용합니다. 토끼 친구가 가족을 이루며 매일 의자를 찾아오자 이제 곰씨는 몸도 마음도 힘들어집니다. 불편함을 너무 혼자 참았던 것이지요. 그러다 솔직하게 힘들었다고 고백하며 문제를 해결합니다.

함께한다는 것은 이렇게 힘든 일일 수도 있습니다. 그러나 함께 살아가는 즐거움을 위해서는 누군가의 희생보다 모두의 노력이 필요한 것이지요. 우리가 모두 그런 것처럼 때로는 혼자 있고 싶은 곰씨의 마음도 이해해 주면서 말입니다.

책 놀이 놀이터 이야기를 담은 작은 책을 만들어 보세요

아이들에게는 놀이터가 공동의 공간으로 큰 의미가 있습니다. 놀이터를 멋지게 디자인해서 그림을 그리고, 그 안에서 어떤 친구와 어떻게 놀고 싶은지 책으로 만들어 보세요. 멋진 놀이터라면 더 많은 친구와 오랫동안 놀고 싶어집니다. 그러기 위해서 어떤 규칙이 있으면 좋은지 함께 이야기 나누고, 내용으로 만들어 보면 좋겠습니다. 한쪽에는 혼자 노는 놀이터도 만들어 보세요. 곰씨처럼 조용히 혼자만의 시간을 갖고 싶은 친구들을 위해서 말이죠.

학교 폭력이 불안한 엄마들

입학하면 기초 조사서를 제출합니다. 가족 소개와 비상 연락처를 비롯하여 아이의 기본적인 것을 소개하는 내용입니다. 좋아하는 것, 성격, 학원, 방과 후 스케줄, 부탁할 점, 유의할 점, 음식이나 병에 대한 주의 사항 등을 적습니다. 그런데 예전과 다르게 우리 아이가 잘 적응할지를 염려하는 내용과 더불어 소심한 아이라 혹시 학교 폭력을 당할까 걱정이라는 말씀이 많아지고 있습니다. 4월에 있는 첫 상담에도 그런 걱정을 많이 합니다.

초등 1학년 친구 사귀기
사실 1학년의 경우에는 상식적인 수준에서 폭력이 일어날 확률은 매우 적습니다. 그러나 아이들 간의 우발적 다툼이나 문제 행동을 보이는 아이의 지속적인 괴롭힘 같은 사례는 충분히 있을 수 있습니다. 사건의 추이를 살펴볼 때 넓은 범주의 학교 폭력에는 들어가겠지요. 전과 다른 점은 피해 본 학생이나 학부모님이 이해하고 넘어가는 경우가 적습니다. 아이가 피해 보는 것을 조금도 용납하지 않는 분위기가 되었기 때문에 서로 예민한 사안이 될 수밖에 없습니다.
이런 부분에 너무 민감하면 적극적인 친구 사귀기와 놀이가 가능하지 않습니다. 서로 마음을 맞춰 놀면서 마음 맞는 친구를 사귀게 되기 때문입니다. 그 과정에서 오해와 편견, 고집과 이기심, 미성숙한 사회성 등으로 끊임없이 갈등할 수밖에 없습니다. 아이들의 속상한 마음을 물어보고 들어 주세요. 스트레스를 딛고 일어설 수 있도록 아이 편에서 공감해 주세요. 친구를 만드는 과정이 혹시나 학교 폭력의 문제로 발전되지 않도록 말입니다.

상대방의 입장 생각하기
우리 아이의 행동이 항상 정당할 수는 없습니다. 늘 상대 처지에서도 생각하도록 아이들과도 대화하세요. 아이들은 자신의 입장에서만 세상을 보고, 객관적인 상황을 보지 못하기 때문입니다. 아이들의 다툼은 대부분 일방적이지는 않기 때문입니다. 예를 들면, 지나가다가 아무 일도 없는데 갑자기 친구를 툭 쳤습니다. 왜 그랬는지 한참을 묻고 추적하면 유치원 때 그 친구가 자신을 때린 적이 있다고 말하기도 합니다. 그동안 잊었다가 또는 마음에 담아 두었던 기억이 되살아난 것이지요. 원인은 오래된 사건에 있었던 것입니다. 결국, 이런 문제는 언제든 일어날 수 있습니다. 중요한 것은 현재의 마음이 건강하다면, 지나간 오해도 훌훌 잘 풀 수 있고 기꺼이 사과할 수도 있습니다. 친구 마음에 공감하고 그런 일이 다시 일어나지 않도록 하는 것이 최선입니다.

부모의 불안한 마음 보이지 않기

아이들에게 학교 폭력을 당할까 봐 걱정하는 부모의 불안한 마음을 보이지 마세요. 오히려 친구들과 좀 당당하고 즐겁게 노는 방법을 가르쳐 주세요. 만일, 문제 상황이 생겼다면 선생님과 의논하여 충분히 해결할 수 있습니다. 미리 걱정하여 관계에 두려움을 갖게 하는 것은 좋지 않습니다.

예를 들면, 피해를 보지 않기 위해 할 수 있는 행동보다 피해를 주지 않는 행동에 대해 충분히 알려 주세요. 친구 마음이 어떨지 생각하면서 놀기, 차례 잘 지키기, 기분 나쁘거나 놀리는 말 하지 않기, 남학생의 경우 여학생과 직접적인 신체 접촉을 하지 말고 놀기, 귀에다 대고 큰 소리 지르지 않기, 양보 많이 하기 같은 덕목을 자주 이야기해 주세요.

사이좋게 노는 방법 알려 주기

한 걸음 나아가, 친구들과 사이좋게 노는 방법을 더 많이 알려 주세요. 친구 얼굴 보고 웃으며 말하기, 친구에게 없는 색연필 같이 나누어 쓰기, "같이 놀자!"라고 먼저 말하기, 짝꿍 웃기기처럼 말이지요. 그러다 보면 학교 폭력의 문제보다는 함께 놀기에 더 집중하고 학교생활이 즐거워질 수 있습니다.

놀다가 넘어져서 긁히거나 피가 좀 나는 경우가 생기면 평소에 잘 놀지 않는 아이들은 무척 겁을 내고 놀랍니다. 그런데 매일 야외 놀이를 하는 아이들은 놀다가 좀 다치더라도 크게 울거나 속상해하지 않고 툴툴 털고 일어납니다. 보건실에 가서 처치도 스스로 잘 받고 오지요. 아이들끼리 이렇게 잘 지내는 방법을 습득하는 것이 불안을 극복하는 가장 좋은 방법입니다.

BONUS 4

꼭 익혀야 할 기본 생활 습관

초등학교 고학년 엄마들에게 물었습니다. 입학 전에 꼭 가르쳐야 할 것이 무엇일까요? 대부분의 엄마가 '습관'을 꼽았습니다. 물론 영어도 있고, 미술도 있었지만, 소수에 불과합니다. 습관은 초등 1학년 생활의 많은 부분을 좌우합니다. 습관이 잘 되어 있는 아이들은 부지런하고, 시간을 잘 지키며, 밥도 잘 먹고, 학교생활에서도 잘 적응해서 별문제가 없습니다. 정서적으로 안정되면서 자기 조절력이나 자존감도 더욱 커지게 되어서 공부도 더 잘하고 친구들과도 잘 어울리게 됩니다.

아침 시간 활용하기

아침 시간을 잘 활용하려면 저녁 일찍 잠들어야 합니다. 부모님과 함께 텔레비전을 보거나 스마트폰을 하느라 늦게 자는 아이들이 많아졌습니다. 또는 방과 후 일정이 많아서 저녁 시간에 바쁜 아이들도 많습니다. 건강한 몸과 마음을 유지하려면 일찍 자고 일찍 일어나야 합니다. 아침 시간을 위해 저녁에 일찍 잠들 수 있도록 하세요.

배변 습관 들이기

아침 배변 습관도 초등 1학년에게는 중요합니다. 배 아프다는 아이들 중 절반 이상은 배변 문제입니다. 그러다 보니 1학기에는 공부 시간에 화장실을 가야 하는 경우도 많습니다. 급식을 잘 먹을 수 없는 문제와도 연결되지요. 몸이 편해야 학교생활도 잘 적응할 수 있습니다.

식사 습관 정착하기

식사 습관도 매우 중요합니다. 요즘은 급식을 남기지 않고 다 먹어야 하는 규칙은 없습니다. 그러다 보니 아이들은 싫어하는 음식을 그대로 버리는 경우가 많습니다. 학교에서 잘 먹지 않아도 집에 가면 바로 간식을 먹을 수 있기 때문이기도 합니다. 방과 후 곧장 집으로 가지 않는 아이들은 용돈으로 배고픔을 해결하기도 합니다. 안타까운 부분입니다. 학교생활에 잘 적응하고 원만한 성격을 가진 아이들을 보면 식사 습관도 좋습니다. 급식 시간을 기다리고 즐겁게 식사합니다. 매운 반찬이나 나물도 잘 먹지요.

성격과 식사 습관의 상관관계는 연구 결과로도 나와 있습니다. 조금이라도 더 먹이려고, 혹시 아이가 배고플까 봐 식사에 너무 많이 관여하고 잔소리를 하면 아이들은 오히려 밥을 안 먹는 것으로 의사 표현을 합니다. 골고루 잘 먹고 잘 노는 아이로 키우고 싶다면 한두 끼 덜 먹더라도 그냥 두는 방법이 좋습니다. 스스로 잘 챙겨 먹을 수 있도록 기다려 주세요. 단, 다양한 음식을 먹을 기회는 꼭 필요합니다. 급식에는 다양한 메뉴가 나오기 때문에 낯설면 무조건 안 먹기도 하거든요. 잘 먹는 아이들은 안 먹어 본 음식에도 선뜻 도전하지만, 예민한 아이들은 아예 먹지 않기도 합니다.

정리 정돈하기

정리를 어려워하는 경우는 크게 두 가지로 구분됩니다. 같은 물건을 종류별로 분류하는 인지 능력이 부족한 경우도 있고, 자신의 물건을 스스로 정리하는 생활 습관이 안 되어 있는 경우도 있습니다. 인지 능력이 부족하면 같은 물건을 분류하고 정리하는 방법을 가르쳐 주면 됩니다. 가정에서는 장난감을 색깔별로, 용도별로, 모양별로 바꾸어 가며 정리하는 방법을 연습하세요. 그러나 습관이 안 되어 있는 경우는 학교에서도 어려움을 겪습니다. 서랍 속에서 교과서를 잘못 찾고, 가방 속에서 제출해야 할 안내장도 잘못 찾습니다. 해결 방법은 꾸준히 하는 수밖에 없습니다. 책가방도 자기가 준비하고, 서랍이나 옷장 정리도 스스로 하는 것이지요. 정리를 스스로 해야 찾을 때도 자신이 기억하고 찾을 수 있습니다. 규칙이나 약속을 정해서 꾸준히 실천할 수 있도록 도와주어야 합니다.

인사하기

인사하기도 중요한 습관이겠지요. 평소에 주변 사람들과 밝게 인사하는 습관을 지녔다면 학교생활에서도 어려움 없이 잘할 수 있습니다. 담임선생님은 물론, 옆 반 선생님, 다른 교과 선생님, 보건 선생님 등 학교에는 많은 선생님이 있습니다. 수업 시간에 인사하기를 배우지만, 집에서부터 잘 익혀 두면 훌륭한 대인관계 방법을 체득한 것이 됩니다.

친구들과 인사하는 것도 중요합니다. 낯선 친구들과도 잘 사귀는 방법이며, 이미 친한 사이라도 반갑게 하루를 시작하는 계기가 되지요. 반가운 인사는 상대방을 기분 좋게 하고, 자신의 존재감을 확실하게 알리는 시작이지요. 가끔은 옆 반 선생님이나 다른 학부모님이 오셔서 이야기 중인데 그사이에 와서 인사하거나 질문하는 아이들도 있습니다. 다른 사람과 대화할 때는 기다리는 것이라고 가르쳐 주어도 자꾸 잊어버리는 것이지요. 이런 작은 예의를 평소 생활 속에서 알려 주는 것도 꼭 필요한 교육입니다.

학교 상담은 어떻게 할까

정기적인 상담 연간 2회

공식적인 학교 상담은 1학기 3월과 2학기 9월로 연간 2회입니다. 그런데 필요에 따라 얼마든지 상담은 가능합니다. 1학기 상담에서는 선생님이 아이를 잘 파악하지 못한 상태라서 부모님이 아이에 대한 정보를 알려 주면 좋습니다. 그런데 선생님이 아이에 대한 편견을 가질까 봐 솔직하지 않은 경우도 있습니다. 아이를 위해서는 항상 선생님과 마음을 열고 대화해야 합니다. 선생님은 아이를 도와주는 분입니다. 어려운 부분을 터놓고 의논하고 도움을 구하면 오히려 더 적극적인 관심으로 다가올 수 있습니다. 1학기 상담 시간은 엄마와 교사가 아이에게 어떤 도움을 줄 수 있을지 의논하는 자리입니다.

2학기에는 그동안 겪은 학교생활에 관한 이야기를 하므로 좀 더 많은 공감과 이해의 자리이기도 합니다. 상담은 꼭 문제가 있어야 하는 것이 아니라, 학교와 가정에서 어떤 점을 아이가 잘 해내고 있는지, 격려할 점과 지도할 점은 무엇인지 같이 의논하는 자리입니다. 가정에서의 어려운 점도 의논하면 함께 해결할 수 있습니다. 예를 들면, 스마트폰을 너무 많이 하는데 통제하기가 어렵다면, 선생님이 학교에서 관심을 두고 따로 지도하면 아이의 마음이 바뀌는 계기가 될 수 있습니다. 가정에서 잘 안 되는 점은 학교에서 선생님이, 학교에서 어려운 점은 가정에서 엄마가 서로 지도하다 보면 단점을 보완할 수 있습니다.

수시로 상담 약속 잡기

정기적인 상담 외에도 방과 후에 통화하거나 시간 약속을 정해서 상담할 수 있습니다. 교사로서는 문제 상황이 생길 때마다 부모님과 연락하기는 어렵습니다. 이런저런 방법으로 지도하다가 그래도 잘 안 되는 지점이 있을 때 연락합니다. 물론, 급박한 사고가 생기거나 아플 때는 바로 연락하지요.

학부모님에 따라 학교에서의 문제 행동에 관한 이야기를 그대로 받아들이는 경우와 그렇지 않은 경우도 있어 교사로서는 어려운 점이 있습니다. 학교에서는 단체생활을 하므로 저절로 아이들 행동이 비교가 되어 정상 범주에서 어느 정도 벗어나는지 판단이 됩니다. 1학년에서 문제 행동의 원인을 바르게 찾고, 적절한 시기에 적절한 조처를 한다면 학년이 올라갈수록 겪는 문제를 줄일 수 있습니다.

부적응을 보일 때 상담하기

수업 시간에 돌아다니거나 뛰어다니고, 학습 과제를 거부하며, 위험한 행동이나 부정적인 언어를 자주 사용하고, 친구들과 어울리지 못하고 다투는 행동으로 수업 시간이나 쉬는 시간에 문제를 일으키는 아이들이 있습니다. 학교생활에 적응하지 못한 경우입니다. 실제로 이런 아이들이 학급마다 있고, 가끔은 여러 명이 모인 학급도 있을 수 있습니다. 전반적으로 정상적인 수업 진행이 어렵고 다른 학생들에게 큰 피해를 주게 되지요. 함께 잘 지내기 위해서는 아이의 적응 여부를 관심 있게 살펴보고 선생님과 진솔한 상담을 해야 합니다.

BONUS 6

정서 행동 발달 검사란 무엇인가

정서 행동 발달의 문제를 조기에 발견하고 관리하기 위하여 정서 행동 발달 검사를 합니다. 전국 초등 1학년 학생들이면 모두 대상입니다. 교육청별로 차이는 있지만 보통 4월 정도에 실시합니다. 아이들이 성장 중에 심리 정서상으로 어려움을 겪는 시기가 있습니다. 이때 빨리 발견해서 도움을 주는 것이 중요합니다. 그래서 국가적으로 시행하게 되었고, 이 검사를 통해 초등 1학년 아이에 대해 본격적으로 생각하는 계기가 됩니다. 아이들의 성격 특성과 정신 건강의 문제를 조기 발견하여 악화를 방지하고, 적절한 개입으로 학습 부진 문제, 학교생활 부적응 문제를 예방하고 관리합니다.

검사는 온라인과 서면 검사가 있는데, 학교에 제출하면 결과지를 받을 수 있습니다. 검사지는 가정에서 부모님이 체크하는 것이므로 아이에 대한 평소 생각을 솔직하게 답변해야 합니다. 그래야 가능한 범주 안에서 정확한 결과를 얻을 수 있습니다. 검사 도구별 기준 점수 이상이면 전문가 상담을 받을 수 있습니다. 상담을 받으면 아이에게 어떤 도움을 주어야 하는지 조언을 들을 수 있지요. 검사 결과는 생활기록부나 기타 기록으로 남지 않습니다. 정서 행동 검사 결과가 정상치로 나왔다고 하더라도 학교생활에 부적응 현상이 많이 보이면 담임선생님과 꼭 상담해야 합니다.

초등 1학년, 어떻게 시작할까

3

초등 1학년, 공부 닻을 올려라

01. 초등 1학년 공부, 습관을 만드는 것이 전부다
02. 스스로 공부하는 초등 1학년 만드는 비결
03. 책읽기 기초 다지는 초등 1학년 만드는 비결

학교 공부 무엇을 준비할까

학교 공부는 무엇을 준비해야 할까요? 첫째는 과거의 엄마 교육 프레임에서 벗어나야 합니다. 엄마가 공부의 모든 것을 준비해 주고, 몇 세에는 무엇을 배워야 한다는 소문에 휘둘리지 말아야 합니다. 둘째는 아이의 자립심에 목적을 두어야 합니다. 스스로 문제를 해결하고 공부하는 것이 가장 중요합니다. 스스로 공부할 의지가 생기도록 호기심을 갖게 하고, 학습의 즐거움을 깨닫도록 해야 합니다. 셋째는 창의성을 잊어서는 안 됩니다. 학습지나 기초 연산, 한글 익히기 같은 사교육에 매이다 보면 아이의 자유롭고 유연한 사고와는 거리가 멀어집니다. 요즘 학교 교육은 문제 해결 중심으로 흐릅니다. 수업마다 해결해야 할 문제를 주고, 그 방법을 모색하여 해결하는 과정을 친구들과 함께합니다. 학교 교육이 첨단 지식을 가르쳐 주는 것은 아니지만, 그렇다고 사교육으로 모든 것을 채울 수는 없습니다. 사교육으로 단편적인 지식만을 배우는 것은 오히려 위험합니다.

외적 동기와 내적 동기

공부하고 싶은 마음을 갖게 하는 것이 학습 동기 부여입니다. 자발적인 동기를 갖도록 한다면 가장 좋겠지요. 동기는 크게 외적 동기와 내적 동기로 나뉩니다. 초등 1학년에게 학습에 대한 외적 동기는 꼭 필요합니다. 예를 들면, 스티커 모으기나 체크 리스트, 갖고 싶은 물건이나 소원 들어주기 같은 약간의 강제적인 방법이 필요합니다. 특히, 과제 집착력이 있고 끈기가 있는 아이들은 이런 방법으로 성취하는 것을 매우 즐깁니다.

이러한 외적 동기 유발만을 지속하면 아이는 조건이 없으면 스스로 하려고 하지 않습니다. 그렇기 때문에 내적 동기 유발은 더욱 중요합니다. 스스로 책을 읽고 싶은 마음이 들도록 매일 책을 읽어 주며 이야기 나누고, 좋아하는 분야의 탐구를 위해 여행하고 책을 읽는 등 아이 스스로 내적인 호기심을 채우도록 유도하는 방법이지요. 내적 동기 유발로 다져진 의욕은 진정한 자기 것이 됩니다. 처음에는 외적 동기 유발로 시작하지만, 결국은 내적 동기를 자극하는 방법으로 연결되고 완성되어야 합니다.

또 아이들의 성향, 인지적 능력, 과제 완성도에 따라 적절해야 하고 달라야 합니다. 절대적인 기준은 없습니다. 아이가 얼마나 받아들이고 즐거운 마음으로 참여하고 노력할지 살펴보는 것이 가장 중요합니다.

놀이를 통해 단련되는 능력

초등 1학년의 학습은 놀이가 기본이어야 합니다. 특히, 놀이는 혼자보다는 함께하는 활동으로 타인에게 배우는 기회를 주어야 합니다. 학교 공부는 받아쓰기와 연산 시험만으로 결정되지 않습니다. 주어진 수업 과제를 잘 해결하고 끝까지 완성해야 하며, 이왕이면 독창적이고 심미적이며 즐거운 아이디어라면 더욱 좋습니다. 4차 산업혁명 시대를 앞두고 공부에 대한 가치관이 달라져야 합니다. 초등 1학년에서는 이런 기회들이 더 많습니다. 자유롭게 상상하고 질문하며 자기 의견을 표현할 수 있습니다. 배우는 즐거움을 알 기회입니다. 두려운 1학년 공부가 아니라, 그동안 만들어 왔던 그릇의 크기와 내용물을 하나씩 꺼내는 시간입니다. 그리고 열심히 만들어 가는 시작이기도 합니다.

01

초등 1학년 공부, 습관을 만드는 것이 전부다

선행 학습보다는 공부 습관

초등 1학년에게 선행 학습이라는 말은 옳지 않습니다. 선행 학습이라고 해 봤자 학습지나 문제지 진도를 미리 나가는 정도이지요. 학습지는 학교 진도보다 수업 차시가 적은 데다 요즘은 학교마다 교육 과정 운영 날짜도 다르므로 학교마다 진도 차이가 있습니다. 학습지 진도를 따라가다 보면 자연스럽게 학교 진도를 앞서게 됩니다. 물론, 학원의 경우도 비슷합니다. 그대로 가다 보면 고학년 때 중학교 과정을 하게 되겠지요. 그런데 아이들 입장에서 보면 동시에 두 가지 공부를 하는 셈입니다. 아이들에게는 공부량이 늘어 부담입니다. 학교에서 하는 것을 잘 이해하기 위한 예습 차원의 공부 정도가 적당합니다. 가정에서는 복습해야 합니다. 알고 있는 것을 확인하고 관련 문제를 풀면서 지식을 활용하고 확장하는 즐거움을 알게 되는 것이지요. 1학년에서 느끼는 공부의 즐거움은 학년이 올라가면서 큰 힘이 됩니다.

문제는 일정 시간 동안 얼마나 집중할 수 있느냐입니다. 따라서 1학년에서는 짧은 시간이라도 집중하는 습관을 갖는 것이 필요합니다. 초등 고학년이나 중, 고등학교에서 성적이 우수한 대부분의 학생은 과제 수행 능력, 책임감, 성실함이 있습니다. 물론, 초등 저학년부터 다져진 습관이 큰 힘을 발휘합니다. 자신에게 흥미 있는 것을 찾아 탐구하고 학습하는 시간을 갖도록 도와주세요. 그러기 위해서는 아이의 관심을 분산시키기보다 선택과 집중을 통해 배움의 기쁨을 느낄 수 있도록 해야 합니다.

우리 아이의 학습 능력 알기

아이에게 맞는 공부 과제를 정하려면, 우선 학습 능력을 알고 있어야 합니다. 1학년 여름 방학이 끝나면 개별 과제로 수학 문제집을 제출하는 학생들이 있습니다. 보통은 1학년 2학기 예습 문제집이거나 1학기 복습 차원의 문제집인데, 정민이라는 아이는 서술형 문제만 모은 제법 두께가 있는 문제집을 제출했습니다.

문제를 살펴보니 난이도가 무척 높았습니다. 보통 여섯 줄 정도의 긴 지문의 문제였고, 과정까지 모두 써야 하는 문제가 한 페이지에 6문제 정도였습니다. 정민이는 스스로 이 문제들을 풀었고, 엄마가 채점해 주었다고 했습니다. 아이의 표정에는 자부심이 가득했습니다. 이 아이의 미래가 보였습니다. 당당하게 어려운 문제를 해결했고, 그간의 성실과 뿌듯함으로 가득 차 있는 모습을 보니 수학 공부가 정말 즐거운 게 틀림없었습니다.

당연히 긴 문장으로 가득한 문제이니 국어 능력이 우수한 것도 당연하겠지요. 아이의 능력치를 잘 살펴보고 그에 맞는 공부 기회를 갖게 한다면 아이는 한 단계 더 발전할 수 있으며, 자존감도 향상할 것입니다. 반대로 한글이 아직 익숙하지 않은 아이에게 방학 기간 공부하라는 뜻에서 글자 익히기 문제집을 주었는데, 끝까지 완성하지 못했습니다. 아마 최소한의 학습 흥미도 갖지 못했기 때문이겠지요.

요즘은 지능과 상관없이 글자 학습을 거부하는 아이들도 종종 있어서 원인을 잘 살펴봐야 합니다. 초등 1학년 1학기가 지났는데도 아직 한글을 해득하지 못했거나 기본 연산에 어려움이 있다면, 담임선생님과 상담하고 아이에게 맞는 기초 교육을 해야 합니다. 1학년 때 기초 교육이 부진하면 학습의 진전을 막기 때문입니다.

이렇게 똑같은 1학년이라고 해도 차이가 큽니다. 1년이 지나면 이 아이들은 더욱더 분명한 차이를 보이겠지요. 책을 능숙하게 읽고, 수학 문제를 풀고, 운동이나 음악, 미술에서도 표현력 차이를 보입니다. 또한 학습 능력은 자립심과 창의력 여부에 따라 더욱 큰 차이를 보입니다. 똑같은 10칸 공책에 글씨 쓰기를 연습한다고 해도 자율적이고 창의적인 아이는 다릅니다. 낱말을 쓰면서 바로 철자를 외우고, 쓰기 속도도 점점 빨라집니다. 글자 모양도 이리저리 바꾸는 시도를 합니다. 단순 작업이지만, 스스로 흥미를 부여해서 의미 있는 과제로 바꿀 줄 압니다. 과제를 빨리 마치기 때문에 시간이 남아 책을 읽거나 다른 활동도 할 수 있지요. 같은 시간에 같은 과제를 하지만, 자율적이고 창의적인 아이는 더 많은 것을 습득할 수 있습니다. 이러한 수업 과정을 통해 아이들의 차이는 더욱 벌어집니다. 그래서 우리 아이가 어느 정도의 학습 능력인지 살펴 알맞은 지원을 해야 합니다.

매일 실행 가능한 계획 세우기

아이가 어느 정도의 학습 능력이 있는지 파악했다면, 그에 맞는 기본 학습량을 아이와 함께 정하세요. 매일의 루틴을 가지고 꾸준하게 실천하면 공부 습관이 저절로 익숙해집니다. 사실 초등 1학년은 학교생활에 적응하고, 방과 후에는 학원이나 정해진 스케줄을 소화하는 것만으로 바쁩니다. 그래서 3월부터 여러 공부를 시키면 아이들은 과부하에 걸릴 수 있습니다. 아이가 학교생활이나 하루 시간을 활용하는데 어느 정도 적응이 되었을 때 매일 할 수 있는 학습량을 조금씩 늘려 주세요. 학교 수업이나 방과 후 활동과 관련된 예습 복습이라면 더욱 의미 있겠지요.

예를 들면, 학교에서 받침 있는 자음을 읽고, 10 이내의 덧셈을 배우며, 봄꽃에 관해 공부한다면, 집에서는 교과서와 연계된 수학 문제지를 푸는 정도로만 보충하는 것이 좋습니다. 한글과 봄 교과는 학교에서 배우고 익히는 것만으로도 충분합니다. 물론, 한글이 미숙하다면 보충해야겠지요. 매일 해야 하는 가정 학습이 30분을 넘기면 아이들은 힘들 수 있습니다. 방과 후 활동까지 마치고 집으로 돌아오면 충분히 쉬고 놀이도 한 다음, 저녁 시간에 조용한 공간에서 스스로 집중하며 공부하도록 하면 좋습니다.

중요한 것은 실행 가능한 계획이어야 합니다. 2학기로 가면서 공부 시간을 조금씩 늘리거나 학습 내용의 난이도를 높인다면 충분히 자발적인 학습 습관이 자리 잡게 될 것입니다. 매일 체크하고 미리 잔소리하기보다 기다려 주고 약속을 지키게 하는 것이 더 쉬운 방법입니다.

주간 학습 체크하기

매주 금요일에는 주간 학습 안내를 합니다. 주 단위 학습 내용이 간단하게 나오고, 가정 통신도 있지요. 학교생활에 대한 맥락이 모두 담겨 있기 때문에 잘 보이는 곳에 붙여 두고 활용하면 좋습니다. 교과 내용과 준비물, 주간 행사나 창의적 체험 활동 내용까지 알 수 있습니다. 아이와 학교생활에 대해 이야기 나눌 때, 학습 진도가 궁금할 때 살펴보는 기준이 되어 줍니다. 예를 들면, 소방 행사가 있을 거라면 미리 관련 정보나 소방차에 대한 책을 찾아볼 수 있지요. 모든 것을 찾아보고 준비할 수는 없지만, 우리 아이가 흥미있어 하고 호기심을 가질만한 내용이 있다면 미리 살펴보고 수업에 임하게 하면 더욱더 폭넓은 경험이 될 것입니다. 교과 내용도 마찬가지입니다. 1학년 수업 내용이 어렵거나 복잡한 것은 없지만, 그래도 관련된 배경지식을 알고 있다면 더욱 재미있게 수업에 참여할 수 있습니다. 단, 너무 많거나 너무 깊이 미리 익히면 오히려 수업의 호기심을 떨어뜨릴 수도 있습니다. 동기 유발의 정도로만 활용해 주세요.

주간 학습 안내는 처음에 중요하게 생각하다가 점차 학교생활이 익숙해지면서 소홀해지기도 합니다. 꾸준히 관심을 두고 활용한다면 주간 학습 덕분에 학교생활의 이모저모를 놓치지 않고 체크할 수 있습니다. 최근에는 알림장 쓰기를 없애거나 줄이는 추세라서 가정 통신 내용은 더욱 중요해지고 있습니다.

배우는 기쁨을 알게 하기

배우는 기쁨은 모르던 것을 새롭게 알게 되었을 때 가장 큽니다. 수업 시간에 아이들이 "아하!" 하고 외치는 순간이 있습니다. 바로 그때입니다. 이 짧은 순간의 즐거움이 공부를 적극적이고 자발적으로 하게 만드는 원동력입니다. 아이들이 새로운 것을 배우는 기쁨에 빠질 수 있도록 기회를 주세요. 그런데 꼭 새로운 것을 알게 되었을 때만 기쁜 것은 아닙니다. 이미 내가 가지고 있던 경험과 정보를 어떻게 끄집어내느냐가 더 중요합니다.

예를 들면, 국어 시간에 돌잔치에 관한 글을 읽고 아이들은 저마다의 기억을 떠올립니다. 돌잡이 할 때 자신이 무엇을 잡았는지 서로 이야기하느라 요란합니다. 청진기, 돈, 연필, 마이크가 등장했습니다. 교과서와 영상 자료를 통해 전통적인 돌잔치와 차이가 있음도 알게 되었습니다. 이것은 경험과 기억 속에서 지식을 새로 편집하는 과정이지요. 실의 의미에 관해 설명할 때 아이들이 가장 큰 반응을 보였습니다. 길이 때문에 실은 장수를 의미한다는 것을 알게 되는 순간, 여기저기서 "아하!"가 터져 나왔습니다. 알고 있는 아이도 있었지만, 새롭게 알게 된 아이들이 더 많았던 것이지요. 자신과 관련된 경험이지만 과거와 현재의 돌잔치 풍습이 어떻게 다르고, 돌잡이의 의미는 무엇인지 수업을 통해 아이들이 배우게 되었지요.

전혀 모르던 것보다 알고 있는 것을 새로운 기준으로 조합해내는 것, 바로 지식의 습득 과정입니다. 아이들에게 이런 호기심으로 배우는 기쁨을 알게 해주세요. 그러기 위해서는 함께 이야기 나누고, 궁금한 것은 찾아보는 과정, 절대적으로 격려하고 북돋아 주는 과정이 중요합니다.

창의적인 생각은 경험에서 나온다

통합 교과 중 슬기로운 생활의 궁극적인 지향점은 주변에 대한 관심과 이해입니다. 나의 주변이 어떤 모습이고, 어떻게 변하는지, 관계는 어떻게 형성되는지를 탐구하면서 알게 되는 것이지요. 즉, 주변의 변화를 살펴보면서 창의적 사고와 지식 정보를 처리하는 역량을 키우는 것입니다. 예를 들면, 교과서《가을》을 배우는 시간입니다. 가을의 모습과 변화를 살피고, 다양한 놀이와 체험을 통해 인간과 사회, 자연이 어떻게 관계를 맺는지 경험합니다. 가을에 대한 폭넓은 경험을 바탕으로 새로운 지식 관계망이 생기고 가치도 발견합니다. 이 과정에서 아이들은 관찰하기, 무리 짓기, 조사하기, 예상하기, 관계망 그리기 같은 탐구 활동을 합니다. 이러한 학습 과정은 주변에 관심을 두고 다양한 현상과 관련지어 창의적으로 생각하는 능력을 키워 줍니다.

창의적으로 생각한다는 것은 무(無)에서 나오는 것이 아니라, 아이가 가진 경험에서 나옵니다. 일단 가지고 있는 경험의 양을 늘리는 것이 창의적 사고력을 확장하는 기본입니다. 초등 1학년에게 다양한 경험이 중요한 이유입니다. 신체 놀이를 많이 해 본 아이는 처음 하는 놀이여도 도전하는 과정을 즐길 줄 압니다. 그러면서 창의력은 폭발합니다. 많이 놀아 본 아이는 놀이 규칙을 업그레이드하며 더욱더 재미있게 놀 방법을 연구하지요. 좋은 그림책을 많이 본 아이는 표현력이나 디자인 감각은 물론 언어 구사력도 더욱 발전하고요. 여행을 많이 다녀 본 아이는 경험을 연관짓는 지식과 정보가 더욱 풍부합니다.

학급에서 같은 활동을 해도 빛나는 아이디어로 주목받는 아이들이 있습니다. 윤서는 글씨 쓰기와 같은 단순한 과제에는 별로 흥미를 보이지 않고 겨우 해내는 정도였다가, 무언가 자기 생각으로 표현하는 과제가 주어지면 눈빛이 반짝입니다. 예를 들면, 하트를 넣어 종이 인형을 만드는 수업 시간에 선생님이 팔다리를 지그재그로 접어 늘어지는 모양을 만들고 하트를 표현하는 방법을 설명할 때, 혼자 바빴습니다. 윤서는 작은 하트를 접어 세 장씩 붙여서 여러 개의 하트로 변신시켰고, 머리 모양과 다리 모양, 옷 모양도 다 바꾸어서 자신만의 인형을 만들었습니다. 칠판에 완성품을 모두 붙여 놓았는데, 아이들의 작품이 조금씩 다른 가운데 윤서 혼자만 많이 다른 작품이었습니다.

이렇게 다르게 하느라 윤서가 얼마나 많은 궁리를 했을까 싶을 정도입니다. 윤서는 언젠가 보았던 하트 접기를 활용했고, 긴 다리 인형의 기억도 떠올렸다고 합니다. 세상 어디에도 없는 새로운 무언가를 만드는 것만이 창의력이 아닙니다. 기억 속에서 끄집어낸 관련 경험을 적절히 활용하는 것이 바로 창의력의 기본입니다.

학교 수업은 모두 이러한 과정을 담고 있습니다. 아이들이 더 많이 보고, 만지고, 느끼는 체험을 하면 좋겠습니다. 직접 뛰고, 냄새 맡고, 찾아 읽고, 꾸미는 경험을 하게 하세요. 언제든 필요할 때 꺼내 쓸 수 있는 창고를 꽉 채워 주세요. 창의력은 틀리는 것을 두려워하지 않고 새로운 도전을 통해 문제 해결력을 배우는 과정에서 생겨납니다. 초등 고학년이 될수록 틀리는 것을 두려워하는 아이가 많아집니다. 창의력은 아이들에게 생각할 시간을 확보해 주고, 새롭게 도전할 분위기를 만들어 주면 충분히 개발됩니다.

받아쓰기 결과보다는 과정을 격려하라

받아쓰기는 초등 1학년 아이들에게 가장 명확한 공포이자 성장의 출발점입니다. 아이들이 받아쓰기 점수로 기죽거나 학습 의욕을 잃는 폐해를 막고자 받아쓰기 시험을 지양하는 권고가 내려왔습니다. 그래서 1학년 교실에서 받아쓰기는 하지 않습니다. 연습하기 정도 수준에서만 학습이 이뤄집니다. 그런데 받아쓰기의 단점 뒤에는 놀라운 장점이 있습니다. 아이들이 자신의 학습 능력을 스스로 판단하는 시작점이 된다는 것이지요. 내가 알고 있는 것과 모르는 것을 정확하게 깨닫는 계기가 됩니다.

2015년 개정 교육 과정에서는 한글 부담을 줄이기 위해 교과서에 제시된 지문 양도 줄이고, 가능하면 글 대신 그림으로 배치하도록 노력했습니다. 그러나 1학년의 모든 교과서는 글자 양이 많고, 스스로 읽을 수 있어야 문제를 해결할 수 있는 구조입니다. 물론, 수업 내용은 선생님이 읽어 주고 함께 풀어 보는 과정이기는 하지만, 결국에는 혼자 읽을 수 있어야 하고 쓸 수 있어야 합니다.

안 보고 쓰는 것은 난이도가 조금 높기 때문에 공부를 해야 합니다. 넉넉한 시간을 두고 공부한 다음, 안 보고 쓰기를 하면 내가 기억하고 있는지 정확하게 판단할 수 있습니다. 받아쓰기가 자신을 판단하는 가장 정확한 것은 아니지만, 가장 기본적인 시각으로 능력을 객관화하기는 합니다.

이왕이면 이 작은 테스트에서 어려움 없이 통과하면 다른 과제나 공부도 자신 있게 도전할 수 있습니다. 받아쓰기를 통해 아이의 자존감을 자극하는 것이 아니라, 받아쓰기를 잘하기 위해 얼마나 노력했는지를 격려한다면 혹시 틀렸더라도 아이들은 재도전할 의지를 가질 것입니다. 한두 번만 써도 잘 기억하는 아이도 있지만, 열 번은 써야 기억하는 아이도 있습니다. 아이 능력에 맞게 같이 의논하면서 노력할 수 있도록 지지해 주세요.

과정에 충실한 것도 중요한 습관이 됩니다. 결과에만 관심을 둔다면 아이들은 실수하거나 만점이 아닐 때 두려움을 갖고, 거짓말하거나 회피하려는 습관을 갖습니다. 결과에만 반응하지 말고, 과정을 격려하는 태도는 가장 중요한 지도 방법입니다. 혹시 우리 아이가 학습이 느리고 더디다면 과정을 통해 문제를 해결하는 습관을 만들어 주세요. 과정에서 부족한 부분을 체크하고 짚어 주면서 도움을 주어야 합니다. 예를 들면, 받아쓰기 연습을 잘하도록 연필을 미리 깎아 준다든지, 칠판에 써 보거나, 소리 내어 읽기처럼 변화를 주면서 연습하는 것도 좋겠지요. 충실한 과정을 거치면 만족할만한 결과가 나올 것입니다. 아이에게는 "엄마는 네가 열심히 준비하는 모습이 참 보기 좋았단다. 늘 노력하는 우리 아들(딸) 고맙다."라는 메시지를 전해 주세요.

바르고 정확한 문장으로 대화하기

아이들 가운데 유아기 말투를 사용하거나 발음이 부정확한 경우가 있습니다. 이 아이들은 사용하는 어휘의 양이나 수준도 또래보다 부족합니다. 반대로 정확한 발음과 유려한 어휘를 사용하고, 적재적소의 유머 감각까지 갖춘 아이들도 있습니다. 아이마다 습득 언어에 대한 정도의 차이겠지요. 아이들은 구두 언어를 태어나서부터 초등학교 입학 전까지 급격하게 습득합니다. 바로 이 시기에 문자 언어와 만나고, 언어에 대한 감각 기능과 인지 기능이 함께 발달합니다.

가정에서 얼마나, 어떻게 상호작용하느냐에 따라 언어 발달은 큰 차이를 보입니다. 환경의 영향이 큰 것이지요. 학령기는 상황에 맞는 적절한 언어를 사용해서 대화 기술을 익히고 발전시키는 중요한 시기입니다. 따라서 주변과 활발하게 소통하는 기회를 풍부하게 제공해야 합니다. 그렇다면, 아이들에게 어떤 환경적 요인을 제공하면 좋을까요?

첫째, 다양한 소재로 이야기하는 어른들이 주변에 많으면 좋습니다. 아이들은 나쁜 말도 쉽게 배우지만, 좋은 화법도 잘 배웁니다. 대가족 사이에서 자란 아이들, 다양한 사람들을 자주 만나며 자란 아이들이 대화의 폭이 훨씬 더 넓음을 알 수 있지요. 반대로 대화가 적거나 말수가 적은 부모님과 보낸 경우이거나 단체 생활로 또래와 많은 시간을 보낸 경우에는 어휘 발달 정도가 다릅니다. 아이가 경험하는 모든 것이 구두 언어 발달과 관련이 깊습니다.

둘째, 수용적인 태도로 아이의 이야기를 들어 주세요. 아이가 하는 말에 눈을 맞추고 충분하게 들어 주세요. 아이들은 자기 생각을 말하면서 자연스럽게 구두 언어의 질이 높아집니다. 또 들어 주는 사람의 호응에 따라 사용 어휘도 폭넓어지고 적극적인 태도도 갖습니다.

셋째, 바르고 정확한 발음으로 대화하세요. 언어는 이해하고 모방하면서 발달합니다. 아이들은 가장 가까이 접하는 부모의 언어 습관을 그대로 배웁니다. 바르고 정확한 발음으로 문장을 사용하면 아이들도 쉽게 익숙해집니다. 아이들이 이해하기 쉽게 하려고 과도하게 쉬운 용어로만 이야기하면 아이들의 구두 언어는 발전이 없습니다. 문장의 끝을 흐리지 않고 분명하게 말하는 습관은 다른 사람들 앞에서 말할 때 신뢰를 얻고, 자신감으로 연결됩니다.

넷째, 자기 생각을 말로 설명할 수 있게 하세요. 논리적인 사고가 발달하며 공부 습관이 자리 잡는 데 도움이 됩니다. 더욱이 말하기가 자연스럽게 되고, 자기 생각이 정리되면 글쓰기도 쉬워집니다. 글쓰기가 어려울 때 일단 말로 생각을 끌어내면 쓰기 문장의 질이 높아집니다. 생각이 정리되었기 때문입니다.

02

스스로 공부하는 초등 1학년 만드는 비결

충분한 한글 해득이 필요하다

문자 언어 습득이 본격적으로 이루어지는 초등 1, 2학년 시기를 놓치면 이후 학습을 따라가기가 매우 어렵습니다. 글자 소리를 모르면 다음 단계인 의미 이해로 넘어가는 속도가 더딥니다. 글자는 알지만 책읽기가 잘 안 되는 아이들이 바로 의미 이해 단계에 멈춰 있기 때문입니다. 1학년에서 한글 해득을 주요 목표로 하는 이유는 국어 교과 지도서에 설명되어 있습니다.

> **한글 해득 단계**
>
> - **1단계** 발달적 문식 단계: 초등학교 입학 전에 친숙한 글자(나비, 문 등)를 그림처럼 외우거나, 성인의 읽고 쓰는 행동을 모방하는 단계
> - **2단계** 초기 문식 단계: 초등학교 1, 2학년에서 자음과 모음의 소리 구분, 자음과 모음의 결합 법칙에 따라 단어를 읽고 쓰는 꾸준한 연습이 이루어지는 단계 → 한글 교육의 적합 시기
> - **3단계** 독자적 문식 단계: 초등학교 3, 4학년부터 책을 읽으면서 어휘력과 의미 이해의 기초를 쌓는 단계
> - **4단계** 능숙한 문식 단계: 이후 성인기까지 지식을 쌓고 자신을 표현하는 수단으로 읽기와 쓰기를 수행하는 단계

따라서 초등학교 1학년 시기는 한글을 깨쳐야 하는 적정 시기로 충분한 한글 해득이 되어야 합니다. 초등학교에 입학 전 아이들은 이미 놀랄만한 언어 능력을 갖추고 있고, 이를 바탕으로 발달을 촉진할 수 있는 언어 학습 능력도 갖추고 있기 때문입니다.

한글 해득이 미숙한 단계인데 아이들의 관심을 읽기와 쓰기가 아닌 다른 학습으로 분산하면 정상적인 궤도로 성장하기가 어렵습니다. 이해력이 부족한 것은 당연합니다. 글자를 아는 것과 독해력은 다른 문제입니다. 학교에서 보면 많은 아이가 글자만 읽고 있습니다. 실제로 2016년 한국 교육

과정 연구원의 설문 조사 결과, 초등학교에 입학 전 41.6%의 아이들만이 문장을 유창하게 읽는 비율로 조사되었습니다.

충분한 한글 해득이 되기 위해서는 많이 읽고 쓰는 활동이 뒤따라야 합니다. 아이의 눈높이에서 겪은 다양한 경험이 이러한 문자 언어와 만나면서 글자로도 자신을 충분히 표현할 수 있다는 것을 깨달아야 합니다. 글자가 익숙해진 아이들은 1학년 1학기를 마칠 즈음 배우는 그림일기에서 글로만 일기를 쓰고 싶어 합니다. 2학기가 되면 더 많은 아이들이 그러지요. 이왕이면 더 솔직하고 풍부한 문장으로 자기 이야기를 쓰고 싶은 것입니다.

한글을 깨치기에 가장 좋은 방법은 책 읽어 주기입니다. 아이들은 책 내용에 흥미를 느끼면서 자연스럽게 글자를 익힙니다. 받아쓰기 공부보다 책 읽어 주기를 통해 어휘가 가진 다양한 의미를 저절로 체득할 수 있습니다. 아울러, 읽어 주는 활동은 스스로 읽는 것으로 자연스럽게 연결됩니다. 혼자 읽기가 어려운 아이들은 한글 습득이 충분하지 않다는 의미도 됩니다. 책 속 어휘나 상황을 함께 이야기 나누며 읽는 것도 좋습니다. 아이와 역할을 정해 읽기, 한쪽씩 읽기 등 번갈아 읽는 다양한 방법으로 아이에게 읽을 기회를 주는 것도 좋습니다.

1학년 국어: 듣기, 말하기, 읽기, 쓰기의 유기적 통합

국어 교과서는 《국어(가), (나)》와 보조 교과서 《국어 활동》으로 나누어져 있습니다. 1학년 국어 교과서는 다음과 같은 내용을 학습합니다. 크게 나누어 보면 1학기에는 글자를 익히면서 어휘량을 늘리고, 기본 문장을 읽고 쓰

- **1학년 1학기 국어 단원**

  1. 바른 자세로 읽고 쓰기
  2. 재미있게 ㄱㄴㄷ
  3. 다 함께 아야어여
  4. 글자를 만들어요
  5. 다정하게 인사해요
  6. 받침이 있는 글자
  7. 생각을 나타내요
  8. 소리 내어 또박또박 읽어요
  9. 그림일기를 써요

- **1학년 2학기 국어 단원**

  1. 소중한 책을 소개해요
  2. 소리와 모양을 흉내 내요
  3. 문장으로 표현해요
  4. 바른 자세로 말해요
  5. 알맞은 목소리로 읽어요
  6. 고운 말을 해요
  7. 무엇이 중요할까요
  8. 띄어 읽어요
  9. 겪은 일을 글로 써요
  10. 인물의 말과 행동을 상상해요

는 단계까지 나갑니다. 2학기에는 상황에 따른 듣기, 말하기, 읽기, 쓰기를 유기적으로 활용하는 연습을 합니다. 기본적인 구두 언어와 문자 언어를 잘 결합해서 확장하는 단계이지요.

교과서에서는 지식, 기능, 태도를 충분히 익히게 한 후에 실생활에서 활용하도록 하는데 목표를 두고 있습니다. 예를 들면, 실제적이고 통합적인 언어 사용 능력을 길러 주기 위해 아이들이 언어 활동 결과물을 다양한 형태로 발표하도록 합니다. 또는 작품을 읽고 자신의 배경지식을 활성화하여 깊이 있는 감상 활동과 표현 활동을 통해 내면화하도록 합니다.

따라서 국어 교과는 읽기와 쓰기에만 머무는 것이 아니라 듣기와 말하기는 물론 그리기, 발표하기, 만들기, 역할 놀이하기까지 다양한 활동과 유기적으로 연결되어 있습니다. 재미있고 다양한 놀이로 실제적이고 통합적인 언어 사용 능력을 향상하기 위해서지요.

1학기 교과서에는 그림을 보고 문장 만들기라는 수업이 있습니다. 주어진 낱말 4개를 가지고 그림에 어울리는 문장 3개를 만드는 과제입니다. 그림은 콩쥐가 깨진 독에 물을 채울 수 없어 울고 있자 두꺼비가 도와주겠다고 나타난 장면입니다. 그림을 이해하기 위해서 콩쥐팥쥐 이야기를 알고 있으면 더욱더 좋겠지요. 더 폭넓은 이해를 위해 옛이야기《콩쥐팥쥐》를 읽어 주거나 영상을 보여 주면 아이들은 수업에 잘 몰두합니다. 심지어 교과서에서 제시하는 문장보다 더 많은 문장을 만들 수도 있습니다. 매우 간단한 주제로 수업을 하지만 얼마든지 확장과 발전이 가능합니다. 더 많은 국어 능력을 갖추고 있는 학생이라면 더 많은 것을 얻을 수 있습니다.

국어를 잘하기 위해서는 다양한 경험을 바탕으로 꾸준한 책읽기와 글쓰기가 뒤따라야 합니다. 그 과정에서 자기 생각을 자유롭고 다양한 방법으로 표현할 수 있어야겠지요. 따라서 국어는 모든 교과의 기본이 됩니다. 실제로 국어는 1, 2학년이 448시간과 3~6학년이 408시간으로 가장 많은 비중을 차지하는데, 수학 1, 2학년 256시간과 3~6학년 272시간보다 1.5~1.8배 많은 시간입니다. 연간으로도 184시간, 주당 25시간 중 7시간이지요.

현재 1학년에서는 과거와 같은 지필 평가는 하지 않습니다. 대신 수업 중에 이루어지는 각종 과제 완성도가 바로 평가 대상이 됩니다. 수업 목표에 맞는 활동을 적절하게 하고 있는지 구술 평가와 관찰 평가, 서술형 평가의 형식으로 이루어집니다. 따라서 특별히 시험을 잘 보기 위한 국어 공부보다 충분한 한글 해득으로 자유로운 읽기와 쓰기가 된다면 수업을 통해 다양한 국어 능력이 충분히 향상될 것입니다.

1학년 국어 공부, 이 정도면 충분하다

초등 1학년 국어 공부는 이 정도면 충분합니다.

첫째, 학교 공부에 충실해야 합니다. 교과서를 학교에 두고 다니기 때문에 정확하게 어느 정도 해내고 있는지 파악하기 어려울 수 있습니다. 요즘은 교과서를 따로 사서 확인하는 것도 좋은 방법입니다. 그런데 너무 예습을 강조하면 학교 수업에 흥미를 잃을 수 있습니다. 1학년은 어려운 학습 과정이 없으니 학교에서 잘하고 있는지 확인하는 정도로만 살펴보면 좋겠습니다.

가끔은 학교에서 사용하는 교과서를 가져오게 해서 아이의 이야기를 들어 보는 것도 좋습니다. 아이에게 재미있었던 활동을 물어보고, 배운 내용을 설명하게 하면 엄마의 관심도에 따라 학습 의욕도 높아집니다. 잘 이해하지 못한 내용이 있다면 보충해 주는 것도 좋겠지요.

직접 쓰거나 그림으로 표현하는《국어 활동》교과서는 아이가 수업 시간에 얼마나 성실하게 공부하는지 한눈에 볼 수 있습니다. 또 알지 못했던 아이의 다양한 생각도 엿볼 수 있지요. 아이가 가져오는 학교 수업 결과물에 관심을 가지되 과정을 격려하는 것도 매우 중요합니다. 결과물만 가지고 평가하면 아이는 부담을 느끼고, 다음에는 엄마에게 솔직하지 않을 수도 있습니다.

둘째, 소리 내어 읽기는 한글 자신감을 키워 줍니다. 우리 반에서는 한글이 미숙한 아이들에게 아침마다 소리 내어 책읽기를 하게 합니다. 자신이 없는데 자꾸 읽으라고 하니 힘들어했습니다. 그래서 모르는 글자는 빼놓고 아는 글자만 읽도록 했습니다. 더듬더듬 아는 글자만 찾아서 반복적으로 읽다 보니 점점 아는 글자가 늘어나고 있음을 스스로 깨달았습니다. 그러면서 아이들은 자신감이 생겼고 목소리는 커졌습니다.

가정에서도 반복해서 소리 내어 읽기를 하면 좋습니다. 1학기에는 말하기, 활동하기, 읽기 같은 활동이 많아서 수업 시간에도 자신감을 느끼게 될 것입니다. 띄어 읽기, 마침표, 물음표, 느낌표 같은 문장 부호에 따라 느낌을 살려 읽으면 내용 이해에도 도움이 됩니다.

셋째, 바른 자세로 쓰는 습관이 중요합니다. 쓰기는 1학년 아이들에게 가장 어려울 수도 있습니다. 기초를 익히는 단계에서는 반복해서 써야 하고, 기본을 갖춘 후에는 스스로 생각해서 써야 하기 때문입니다. 그런데 바른 자세로 바른 글씨 쓰기를 익힌 아이들은 글씨 쓰기가 덜 어렵습니다. 수업 시간이나 가정 학습을 할 때도 덜 힘들게 글씨 쓰기 과제를 마칠 수 있습니다. 바른 글씨로 쓰면 자신감도 생깁니다.

글씨를 바르고 힘차게 잘 쓰는 학생들은 손의 협응력이 우수한 경우가 많습니다. 많이 쓰고 손을 움직여야 힘도 더 생깁니다. 평소에 그림 그리기를 좋아하는 여학생들이 글씨를 더 바르고 빠르게 쓰는 이유이기도 합니다.

넷째, 받아쓰기는 읽기, 쓰기, 듣기가 모두 필요한 종합적인 능력 평가입니다. 받아쓰기로 아이의 기본 학습 능력이 얼마나 성장하고 있는지 알 수 있지요. 학교마다 받아쓰기 정책에 차이가 있습니다. 일반적으로 1학기에는 받아쓰기를 하지 않고, 2학기에도 아이들에게 부담을 주지 않는 방법으로 연습하기 숙제 정도로 합니다.

학교에서 평가하지 않더라도 가정에서는 받아쓰기하는 것이 필요합니다. 잘 듣고, 기억하고, 관련 어휘를 연결 지어 쓴다는 것은 인지 능력과 이해력의 정도를 판단할 수 있습니다. 학습 태도와 감정 조절 능력, 필기 능력까지 살펴볼 수 있지요. 따라서 단순하게 암기식으로 외우게 하고 결과로 보상하는 방법은 국어 공부에 흥미를 잃게 할 수도 있습니다. 또 모든 학습의 기본이 되는 쓰기에 어려움을 겪을 수 있습니다.

다섯째, 교과서와 관련된 책을 읽으면 공부가 즐겁습니다. 요즘은 모든 교과서 뒤편에 교과서에 수록된 작품 목록이 있습니다. 교과서에는 작품의 일부분만 실리는 경우가 많아서 작품을 찾아 전체를 읽으면 내용을 이해하는 데 큰 도움이 됩니다.

예를 들면, 국어 교과서 문장 만들기라는 단원에 옛이야기 《콩쥐팥쥐》, 《토끼와 자라》가 나옵니다. 내용이 모두 나오는 게 아니라 두세 개의 문장만 나오지요. 하여 전체 이야기를 알고 있다면 이 문장을 이해하는 게 더욱더 쉽겠지요. 요즘은 창작 동화를 많이 읽다 보니 옛이야기를 소홀히 하는 경우가 있어서 교과서에 나오는 옛이야기를 정확하게 이해하지 못하는 경우도 많습니다. 또 달팽이나 잠자리에 관한 지문이 나오기도 하는데, 이런 경우 달팽이나 잠자리에 관한 책을 읽고 배경지식을 쌓으면 좋습니다. 배경지식을 가진 학생들의 경우에는 이 수업을 훨씬 더 즐거워합니다.

1학년 수학: 수학적 소양과 문제 풀이 능력

2015 개정 수학과 교육 과정에서는 문제를 해결하기 위해 수학적 방법을 다양하게 사용하는 능력과 탐구하고 추측하고 논리적으로 추론하는 능력 및 자기 생각을 수학적으로 표현하고 소통할 수 있는 능력을 수학적 소양으로 정의합니다. 즉, 수학은 문제 해결, 추론, 창의, 융합, 의사소통, 정보 처리 및 실천의 6가지 역량을 키우는 것이 목표입니다. 다시 말하면, 모르는 문제가 있을 때 창의적으로 문제를 해결하는 것이 수학 교육에서 가장 중요하다는 것이지요.

문제와 만났을 때 즐겁게 도전하는 아이들이 있지만, 주어진 1차원적 단서만 활용하여 해결하는 아이나 도움만 바라거나 아예 포기하는 아이까지 격차가 심한 것이 수학 교과입니다. 수학을 포기하는 학생들이 고학년에 올라갈수록 많아지는 것도 문제 해결력의 차이입니다. 해당 학년에서 반드시 알고 넘어가야 할 기본 개념과 문제 해결력이 미흡하면 다음 단계나 다음 학년에서 부진할 수밖에 없고, 부진의 누적은 처음으로 다시 돌아가서 시작하지 않는 한 극복하기가 힘듭니다. 따라서 초등 1학년 수학에서는 기본적인 학습 태도와 학습 자신감을 심고 가는 것이 중요합니다. 다시 말하면, 정의적 영역의 태도가 더욱 중요하다는 것이지요.

수학 공부의 자신감은 수업 시간에 익히는 개념을 확실하게 알고 넘어가는 데 있습니다. 교과서를 살펴보면 《수학》과 《수학 익힘책》으로 구성되어 있으며, 1, 2학년은 256시간, 주당 3시간을 수업합니다. 수와 연산, 도형, 측정, 규칙성, 자료와 가능성의 5개 영역으로 구성되며, 1학기는 5개 단원, 2학기는 6개 단원으로 짜여 있습니다.

- **1학년 1학기 수학 단원**
  1. 9까지의 수
  2. 여러 가지 모양
  3. 덧셈과 뺄셈
  4. 비교하기
  5. 50까지의 수

- **1학년 2학기 수학 단원**
  1. 100까지의 수
  2. 덧셈과 뺄셈(1)
  3. 여러 가지 모양
  4. 덧셈과 뺄셈(2)
  5. 시계 보기와 규칙 찾기
  6. 덧셈과 뺄셈(3)

아이들이 수학을 쉽고 재미있게 느끼도록 수학책 처음 부분에는 '수학은 내 친구'를, 마지막 부분에는 '수학으로 세상 보기'를 제시하고 있습니다. 수학 교과가 생활과 멀지 않음을 강조하고자 하는 의도입니다. 수학적 문제 해결력이 개념에서 머무는 것이 아니라 일상생활과 관련지어 풀어내도록 하고자 연습 상황을 만들어 주는 것이지요.

그래서 오히려 단순한 연산 문제만 풀 줄 아는 아이들은 수업 시간에 혼란스러워하고 복잡하게 느낍니다. 덧셈과 뺄셈, 수 세기, 모양 알기를 다 할 줄 아는데 교과서에서는 자꾸만 이렇게 저렇게 말을 바꾸어 질문하고 과정을 설명하라고 하기 때문이지요. 선행 학습을 많이 한 아이들의 경우 더욱 흥미를 잃는 경우가 많고, 다양한 문제 상황을 귀찮아합니다. 그러다가 결국은 개념을 바로 세우거나 활용하는 익힘책 문제에서 더욱 어려워합니다.

초등 1학년 수학은 다양한 방법으로 기본 개념에 접근합니다. 예를 들면, 구체물에서 추상적인 것으로 진행합니다. 구체적 조작 활동을 충분하게 한 후에 그림으로 표현하고, 그다음에 수학적 기호를 사용하여 추상적 사고를 하게 하지요. 50까지의 수를 배우는 시간, 수의 크기 개념을 알아보기 위해 가장 먼저 고래밥 과자를 분류해서 세어 보는 활동을 합니다. 그다음에는 수 큐브로 10개씩 모형을 만들고, 다음 단계에는 순서대로 숫자를 쓰고 읽는 과정을 거치지요. 마지막 적용 단계에서는 수를 세어 보는 문제 풀이를 합니다.

수업 시간에 보면 아이들은 이미 50까지의 수는 다 셀 수 있다며 큰소리칩니다. 그런데 고래밥 과자로 다양한 생물을 분류한 뒤 직접 세어 보게 하면 아이들이 무척 혼란스러워합니다. 오징어 몇 마리, 고래 몇 마리 이렇게 분류해서 꾸준히 세는 것이 어렵기 때문이지요. 모형이나 추상화된 숫자로는 수 세기가 가능한데, 오히려 실생활에 적용하면 어려워했습니다. 처음에는 너무 쉬운 과제라 환호했지만, 끝까지 세는 데는 정확한 수 세기 능력과 함께 끈기와 성실함도 필요했기 때문입니다. 힘들지만 종류별로 나란히 세워 놓고 숫자를 기록하는 활동을 마무리한 아이들은 무척이나 뿌듯해합니다.

사실 교과서에서는 구체물을 열 개씩 묶기 좋게 배치해서 10개씩 셀 수 있도록 도와줍니다. 그래서 교과서에서 수 세기는 그렇게 어렵지 않지요. 구체적 조작물인 큐브 모형을 열 개씩 연결하는 것도 마찬가지입니다. 쉬는 시간마다 가지고 노는 놀잇감이기도 하니 쉽게 조작이 가능합니다. 그러나 동글동글하고 손에 잘 잡히지도 않는 과자를 열 마리씩 묶으면서 세는 일은 시간이 좀 필요했습니다.

우리가 살아가는 생활 속에서 이렇게 큰 수를 세는 일이 있을 때 활용할 수 있는 것이 진짜 수학이고, 수학적 문제 해결력입니다. 따라서 수학적 의미 형성을 촉진하기 위해서는 말하기와 듣기를 통한 의사소통이 중요합니다. 문제에 대한 지시 사항을 숙지하고, 나름의 방법을 설계하고 실패하면서 방법을 찾아가는 과정이 중요합니다. 이러한 구체적 상황과 관련된 수업을 한 후에는 추상화한 개념을 활용하여 다양한 문제 풀이로 마무리합니다. 단, 여기서 어려움을 겪는 아이들이 많다면 개념을 익숙하게 하는 반복적인 문제 풀이를 합니다.

이러한 과정으로 기본적인 수학 개념을 익히기 때문에 단순히 연산 문제를 많이 푼다고 해서 아이들의 수학적 소양이 향상되는 것은 아닙니다. 실생활에서 수학적 문제 상황을 연관 지어 풀어 보는 것이 초등 1학년에서는 중요합니다. 더불어 의사소통 능력, 문제를 끝까지 해결하려는 의지와 성실함도 중요합니다.

놀이로 배우는 수학이 중요하다

수학 교과서에서는 1학년 아이들의 발달 상황을 고려하여 더욱 쉽고 재미있게 배우도록 하기 위해서 단원마다 아이들이 좋아하는 놀이 활동이 있습니다. 놀이로 학습 내용을 확인하거나 기능을 숙달할 수 있지요. 놀이 활동은 필수적으로 언어 활동이 함께 따릅니다. 의사소통 능력이 있어야 놀이가 되기 때문이죠.

3단원 덧셈과 뺄셈을 배울 때에는 말판 놀이로 덧셈과 뺄셈 연산하기를 배울 수 있습니다. 아이들은 덧셈은 할 수 있는데, 말판 놀이가 더 어렵다고도 합니다. 특히, 말판에서 '덧셈 이야기하기' 문제가 나오면 더 힘들어하지요. 덧셈 이야기를 만들어야 다음 칸으로 넘어가는데, 얼른 이야기가 떠오르지 않기 때문입니다. 함께 게임을 하는 상황인데 이해가 늦은 아이들은 적극적으로 참여하지 못하기도 합니다. 그런데 친구들과 여러 번 놀이를 반복하다 보면 또 금세 배우기도 합니다. 혼자 하는 것보다 함께하는 의사소통 놀이의 장점입니다.

따라서 가정에서도 아이들과 다양한 놀이로 수학적 감각을 키우도록 해 주세요. 수학 보드게임과 수학 퍼즐은 집중력, 사고력, 논리력, 직관력을 키울 수 있습니다. 도형 감각을 키우는 칠교놀이, 펜토미노, 블록 놀이나 수 연산을 돕는 할리갈리 같은 보드게임, 공기놀이, 알까기 놀이, 오목 놀이도 하면 도움이 됩니다.

놀이 교육의 중요성 때문에 사교육을 추가해야 하는 것은 아닙니다. 최근 놀이로 배우는 수학이 중요해지면서 사교육 프로그램도 많지만, 실제로 살펴보면 크게 다른 것이 없습니다. 시간을 정해서 비용을 지불하고 노는 것뿐이지요. 가족과 함께 잠깐이라도 보드게임을 하거나 퍼즐 놀이를 하면서 대화하는 것으로도 충분합니다. 또는 친구들과 같이 놀이를 해도 좋겠지요. 자연스러운 놀이의 축적이 사고력을 향상하고, 긍정적인 태도를 갖게 합니다. 사실 어떤 교구인지가 중요하다기보다 꾸준하게 같이 하면서 놀이를 통한 창의력과 집중력, 그리고 의사소통 능력을 키우는 것이 더 큰 수학적 문제 해결력을 키워 줄 것입니다.

1학년 수학 공부, 이 정도면 충분하다

초등 1학년 수학 공부는 이 정도면 충분합니다.

첫째, 수학 교과서가 먼저입니다. 1학년 수학의 학습 내용은 어렵지 않습니다. 수와 숫자, 도형, 연산, 측정, 규칙 5가지 영역 중 1학기에는 수와 숫자는 50까지의 수, 2학기에는 100까지의 수, 연산에서는 10까지의 덧셈과 뺄셈, 모으기와 가르기, 도형은 여러 가지 모양, 측정은 비교하기 정도까지 배웁니다. 교과서는 과정을 중심으로 구성되어 있고, 문제 풀이도 과정 중심이기 때문에 교과 과정을 이해하고 있는지 살펴야 합니다.

단순히 문제 풀이 위주로 학습하면 교과서와는 다른 방향의 문제 풀이로 오히려 수업 시간이 어렵다고 느낄 수도 있습니다. 예를 들면, 아이들이 가장 힘들어하는 차시가 덧셈과 뺄셈에서 가르기와 모으기입니다. 연산이 어느 정도 가능한데 굳이 가르기와 모으기를 통해 덧셈과 뺄셈의 원리를 알게 하다 보면 아이들은 혼란스러워합니다. 이럴 때 교과서를 함께 살펴보며 단계를 익혀 나가는 복습을 하면 개념을 정리하는 데 큰 도움이 됩니다. 《수학 익힘책》은 교과서 내용을 순서대로 복습하기에 적당합니다. 학교에 따라 가정 학습을 하기도 하고, 학교에서 풀기도 합니다. 가정에서 《수학 익힘책》을 꼭 체크하고 아이가 개념을 잘 이해하고 있는지 살펴보세요.

둘째, 생활과 관련지을 줄 알아야 합니다. 예를 들면, 100까지 수 세기는 할 줄 알지만, 세는 방법이 달라서 혼란할 때가 있습니다. 번호를 읽을 때는 '일, 이, 삼…'인데, 우리말로 개수를 셀 때는 '하나, 둘, 셋…'으로 세어야 하는 것처럼 말이지요. '10이 열이고, 20은 스물, 30은 서른…'처럼 10단위로 커지는 것도 알아야 하지요. 또 순서를 셀 때는 '첫째, 둘째, 셋째…'이어야 합니다. 평소에 아파트 층수 세기, 장난감 세기, 동물 세기를 자연스럽게 해 왔다면 수업 시간에 공부처럼 여겨지지 않겠지요. 거꾸로 세기, 10개씩 묶어 세기, 2개씩 뛰어 세기 같은 방법도 활용하면 더욱 좋습니다.

셋째, 기초 연산은 성취감이 기본입니다. 간단한 덧셈과 뺄셈을 할 줄 아는 아이들이 많습니다. 그런데 실제로 문제를 풀어 보면 집중력이나 인내심이 부족해서 여러 문제를 해결하기 어려워하는 경우가 많습니다. 1학년에 배운 연산 능력은 수학 학습을 효율적이고 자신 있게 하는 밑거름이 됩니다.

1학년 1학기 수학에서는 가르기와 모으기, 2학기 수학에서는 덧셈식을 뺄셈식으로 바꾸기와 뺄셈식을 덧셈식으로 바꾸기를 가장 어려워합니다. 사고의 전환이기 때문에 기초 연산이 익숙한 아이에게는 어렵지 않은 개념입니다. 그러나 기초 연산에서 빠른 전환이 안 되는 경우는 충분한 연습이 필요합니다. 공부하는 습관을 키우기 위해서라도 매일 조금씩 기초 연산 문제를 꾸준히 풀어 보는 것은 큰 도움이 됩니다. 아는 것과 실수하지 않는 것은 확연하게 다릅니다. 기본 공부의 양이 필요합니다.

넷째, 가끔은 좀 더 어려운 문제에 도전할 기회도 필요합니다. 텔레비전 프로그램 〈문제적 남자〉를 시청하다 보면, 수학적 문제가 해결되는 과정을 쉽게 볼 수 있습니다. 기본적인 수학적 역량을 갖추어야 하는 것도 있지만, 다양한 아이디어로 도전하고 실패하더라도 다른 아이디어를 계속 추론해야 합니다. 그래도 안 되면 서로 아이디어를 공유해서 문제 해결법을 찾아갑니다. 그러다 보면 신기하게도 누군가 문제를 해결하게 되지요. 출연자들은 퇴근 시간 없는 녹화 시간이 짧아졌다며 좋아하지만, 그보다는 성취감이 더 크겠지요. 고민에 빠졌던 출연자들이 문제를 해결한 후에 홀가분해 하면서도 기분 좋아하는 모습을 볼 때면 시청자도 함께 성취감을 느낍니다. 수학의 매력에도 빠집니다.

아이들도 수학 학습을 통해 이런 기분을 느낄 수 있어야 합니다. 수학 연산 문제를 지나치게 반복적으로 예습하여 미리 공부에 지치게 하기보다는 좀 더 어려운 문제에 도전해서 풀어 가는 기쁨을 누리게 하면 좋습니다. 단, 문제의 양이 많으면 해결하는 재미보다 부담이 크므로 한 번에 한 문제 풀기로 시작하면 적당합니다. 실제로 수업 시간에 어려운 문제 풀기를 할 때면 우수한 학생들의 눈빛이 반짝입니다.

다섯째, 수학 독해력을 키워야 합니다. 수학 교과서에서는 단원마다 '얼마나 알고 있나요'라는 문제로 단원 평가를 합니다. 이를 해결하려면 우선 문제를 이해해야 하고, 지금까지 배운 개념을 모두 알고 있어야 하지요. 충분한 한글 해득이 되어야 문제를 이해할 수 있어서 책을 많이 읽어 독해력이 좋은 아이일수록 잘 풀어냅니다. 때로는 선생님이 문제를 읽어 주어도 어려워하는 아이들이 있습니다. 단순한 글자 읽기는 되지만 독해가 안 된다는 것이지요. 원활한 문제 해결력을 위해서는 독서가 기본입니다. 수학과 관련된 책이 아니더라도 다양한 책과 접하여 문제 상황에 익숙해지도록 해야 합니다. 당연히 수학 관련 도서나 지식을 담은 정보책을 자주 접하는 것이 좋겠지요. 상상의 세계를 다룬 동화만 읽는 경우, 현실 세계를 다룬 문제는 논리적으로 파악하기 어려워하는 경우도 있기 때문입니다.

경험을 지식으로 연결하는 통합 교과

통합 교과는 바른 생활, 슬기로운 생활, 즐거운 생활의 세 교과를 주제별로 묶어서 《봄》, 《여름》, 《가을》, 《겨울》 네 권의 교과서로 통합했습니다. 각 교과서에 두 개의 단원이 있고, 각 단원을 한 달 동안 공부합니다. 아이들이 가장 좋아하는 교과서이기도 합니다. 주로 놀이와 체험 중심으로 부담 없이 탐구하고 표현하는 활동을 합니다. 통합 교과는 따로 예습과 복습이 필요 없습니다.

    단, 교과 이해를 위해서는 평소 다양한 경험이 매우 유용합니다. 예를 들면, 추석을 주제로 수업한다면 추석의 의미, 음식, 놀이, 가족 모임 같은 내용을 배우고, 설날과의 차이점도 알아봅니다. 또 추석에 겪은 일을 이야기 나누고, 그 경험을 토대로 지식이나 정보를 찾아봅니다. 경험을 지식으로 연계시키는 과정이지요. 경험이 풍부하다면 수업 내용을 이해하는 데 도움이 되겠지요.

노래나 만들기, 움직이기 같은 신체 활동으로도 연결합니다. 주제를 잘 기억하고 활동한다면 종합적인 프로젝트 수업의 핵심을 놓치지 않고 집중할 수 있습니다. 이 과정은 통합적인 주제 학습이 가능하다는 장점이 있습니다. 초등 3학년에는 이러한 통합된 주제가 사회, 과학, 도덕, 실과, 음악, 미술, 체육 과목으로 분화됩니다. 지식과 경험을 좀 더 세분화하여 깊이 있게 학습하는 과정이지요.

1학년 통합 교과 준비, 이 정도면 충분하다

초등 1학년 통합 교과 준비는 이 정도면 충분합니다.

첫째, 평소 아이가 호기심을 가진 주제라면 교과와 상관없이 찾아보고 탐색해야 합니다. 책을 찾아보고, 박물관이나 미술관, 과학관 같은 관련 장소도 들러보는 것이지요. 주제에 집중해서 세상으로의 반경을 넓혀 가는 것입니다. 무조건 어른의 의도보다는 아이가 호기심을 보인 장소를 선택하는 것이 탐구 능력을 갖추는 데도 효과적이며, 부모님과 좋은 관계를 유지하는 방법도 됩니다. 가기 전과 후에 책을 통해 배경지식을 확장하면 더욱 유익한 시간을 보낼 것입니다.

둘째, 새로운 경험을 쌓아 주세요. 주변에서 흔히 갈 수 있는 마트 대신, 가끔은 시장 나들이로 평소 보지 못하던 것을 체험하게 하세요. 예를 들면, 수산 시장이나 시골 장처럼 말이지요. 클래식 공연이나 동물 체험, 아이맥스 영화 보기도 좋습니다. 호기심의 반경을 넓혀 주세요. 우리 아이가 가진 잠재력이나 관심이 어디까지인지 모르기 때문에 새로운 환경으로 가는 것은 새로운 자극이 됩니다.

셋째, 산이나 강, 바다와 같은 자연과 친화적으로 지내야 합니다. 통합 교과는 자연의 변화를 느끼는 것으로 시작합니다. 자연의 변화를 어려서부터 느끼고 체감하는 것은 감성적 여유와 공감 능력을 키워 줍니다. 자연 속에서 산책하고 뛰어노는 기회를 자주 가지세요. 주말에 집 근처 공원을 산책하고 뒷산에 올라가는 정도로도 충분합니다.

넷째, 줄넘기는 중요합니다. 초등 1학년이 되면 줄넘기를 합니다. 매일 꾸준히 조금씩 하다 보면 아이들 스스로 흥미를 느껴서 잘합니다. 인증제 분야는 학교마다 다르지만, 대부분 학교에서 줄넘기를 합니다. 1학년이 꾸준히 할 수 있는 기본 운동이기 때문입니다. 몸의 협응 능력이 아직 미숙한 아이들도 연습하면 다 할 수 있습니다.

그리기와 만들기로 표현하는 1학년의 창의력

1학년 수업에서는 많은 결과물이 그리기와 만들기로 표현됩니다. 아직 글씨 쓰기가 원활하지 않은데 통합 교과 시수가 많아서 자기 생각을 표현하는 방법으로 그리기가 중요합니다. 그렇다고 미술 학원에 갈 일은 아닙니다. 그리기 스킬이 필요한 것이 아니라 재미난 아이디어를 생각해내고, 생각한 것을 구현하는 표현력이 필요합니다. 통합 교과에서 표현하기는 그리기, 만들기, 역할 놀이하기, 모둠과 놀이하기, 노래 부르기, 장단 치기, 몸으로 표현하기, 소리로 표현하기 모두가 해당합니다. 그중에서도 그리기는 가장 간단하고 자주 사용하는 방법이지요. 빈번하게 활용하다 보니 아이들의 표현력도 향상합니다.

예를 들면,《봄》교과서 시간에 봄꽃 화분 만들기를 합니다. 그동안 우리가 관찰한 꽃을 생각하며 색종이와 색연필, 펜 같은 다양한 재료로 화분을 만들지요. 만드는 방법은 다양합니다. 수업에 따라 한 가지 방법을 그대로 따라 하거나, 여러 방법을 소개하고 그중에 한 가지를 선택하여 만들기도 합니다. 특히, 다양한 방법 가운데 한 가지를 선택하여 만들게 하면, 아이들은 더욱 몰입합니다. 골똘히 생각하며 자기 눈높이와 감각에 맞게 창조하려고 노력하지요. 이런저런 시도를 하고, 더 좋은 결과물이 나올 때까지 도전합니다. 그러면서 미적 감각이나 도구를 사용하는 능력, 표현력은 향상합니다. 그리고 한 가지 방법으로 만들게 하면, 선생님이나 친구들 것과 똑같이 만들려고 노력합니다. 그러는 과정에서 기본 소양을 익히게 되지요. 그렇다고 해서 모든 아이가 똑같은 결과물을 창조하지 않습니다. 똑같이 꽃 몇 송이와 줄기, 나뭇잎을 표현하고 화분을 그리는 작업이지만, 모두 다른 작품이 나옵니다.

봄꽃 화분 만들기의 경우, 세 가지 방법 가운데 원하는 것을 선택하여 만들게 했습니다. 도화지를 둥글게 붙여 입체적으로 표현하기, 색종이로 오려 붙이기, 색연필과 사인펜으로 그리기입니다. 그런데 어떤 아이들은 이런 방법조차 섞어서 사용합니다. 인간은 누구나 새로운 방법에 도전하고 싶은 욕구가 있고, 그런 조건이 허용된다면 더욱 창의적인 아이디어로 발전할 수 있습니다.

아이들이 쉬는 시간에 무엇을 하는지 보면 그림을 그리며 노는 아이들이 상당히 많습니다. 인형이나 만화 캐릭터, 동물이나 괴물, 로봇 등 아이들 취향에 따라 다양하게 자유 그림을 그립니다. 뜻이 맞는 친구끼리는 모여서 수군거리며 그림을 발전시키기도 하지요. 바탕색을 칠하고 완벽한 구도를 잡는 채색화가 아니라 자기 생각을 자유롭게 표현하는 그리기는 창의성의 보고를 만드는 과정입니다. 주로 여학생들이 그리기를 좋아해서 초등 1학년은 확연하게 여학생들이 그림을 잘 그리는 편입니다. 그리고자 하는 대상이나 상황을 쉽게 표현하지요. 남학생 중에서도 자주 그리기를 하는 아이들은 그림으로 표현하기를 즐기고, 표현 능력도 뛰어납니다.

통합 교과 시간이 아닌 국어 시간에도 그리기는 유용한 활동입니다. 책 읽고 기억나는 장면 찾아 그리기, 동화 뒷이야기 꾸미기, 교과서 시 옮겨 적고 시화 그리기처럼 매우 다양한 그리기 활동을 합니다. 그밖에 창의적 체험 활동 시간에도 다문화 친구들 의상 색칠하기, 교통안전 신호등 그리기, 나의 이름 꾸미기, 친구 얼굴 그리기, 소방차 그리기를 합니다. 그리기에 대한 부담이 없다면 이 모든 수업이 즐겁습니다.

따라서 유아기부터 그림 그리는 기회를 많이 주는 것이 필요합니다. 그림은 남에게 보여 주는 최초의 창작 활동이기도 합니다. 실제와 똑같이 그렸는가보다는 어떤 의도로 그렸는지를 물어보세요. 이야기를 통해서 그림은 발전하기도 합니다. 생각을 물어보고 설명하는 과정이 충실하다면 아이들은 굳이 더 잘 그려서 칭찬받으려는 의도를 갖지 않습니다. 잘 그리는 그림에 대한 스트레스도 줄겠지요. 용도에 따른 스케치북이나 종합장을 두고 필요에 따라 이것저것 자꾸 그려 보면 좋겠습니다.

가위질과 종이접기의 중요성

그리기와 만들기뿐 아니라 가위질과 종이접기 능력도 중요합니다. 아이들마다 큰 차이가 있기 때문입니다. 받아쓰기 능력이 다른 것처럼, 가위질과 종이접기도 차이가 큽니다. 가위질을 자신 있게 하는 아이들은 속도도 빠르지만, 종이를 구기거나 찢어지지 않게 깨끗하게 자릅니다. 물론, 손가락의 협응 능력이 뛰어나기 때문이며, 학습 능력도 뛰어난 경우가 많습니다. 반대의 경우도 있습니다. 가위질을 많이 하지 않아서 서툴 수밖에 없지요. 유아기부터 이것저것 오리고 붙이는 조작 활동을 자주 하면 좋습니다. 종이접기도 같은 맥락입니다. 1학기가 다 지나도록 색종이 반 접기를 어려워하는 아이도 있습니다.

가위질과 종이접기는 인지 능력과 관계도 있지만, 자주 하면 충분히 향상하는 능력입니다. 1학기에 서툴던 아이들이 2학기로 가면서 훨씬 좋아지는 것을 볼 수 있습니다. 이러한 소근육 활동이 원활해지면 그리기와 글씨 쓰기도 쉽게 할 수 있습니다.

1학년 2학기 초에는 베 짜기를 합니다. 색종이를 일정하게 잘라서 베 짜기 방법으로 가로세로 엮어 보는 활동이지요. 과제 집중력, 손의 조작 능력, 심미성까지 키워 주는 활동입니다. 이 작업의 준비는 색종이를 똑같은 크기로 자르는 것입니다. 반 접고 자르고, 반 접고 자르는 것을 반복하여 긴 색종이를 만듭니다. 이때 살펴보면 일정하게 자른 학생과 아닌 학생의 차이가 명확합니다. 조작 능력이 미숙하거나 집중력이 부족하면 하고 싶어도 잘할 수가 없습니다. 그러면 화내거나 끝까지 완성하기를 포기합니다.

수업 목표는 완성된 결과물이 아니라 꾸준하게 과제를 마치는 과정이 중요한 것이라서 도와줄 수는 있지만, 교사가 대신해 주지는 않습니다. 스스로 해내야 합니다. 조작 능력이 미숙한 경우에는 평소 자주 오리고 붙이는 조작 활동을 연습하세요. 집에서 이런저런 종이를 오려서 자유롭게 무언가 만들고 꾸미는 놀이는 미적 감각과 집중력도 키워 줍니다. 기본 조작 능력이 익숙하면 표현하고 싶은 것을 구현하는 데 어려움이 없습니다. 이제 창의력을 발휘하는 일만 남았습니다.

동화책으로 시작하는 영어

영어 교육을 언제부터 시작할지 묻는 부모님들이 많습니다. 가장 좋은 방법은 우리 아이에 대한 이해가 먼저 필요합니다. 유아기에 외국어 교육을 하는 것이 좋다는 학자들의 의견과 모국어 교육을 완성한 후에 외국어 교육을 시작해야 한다는 의견이 있습니다. 그래서 우리 아이의 능력과 언어 능력을 고려하는 것이 가장 좋은 방법입니다. 또 아이의 성향에 따라 문자에 민감하고 조합을 잘하는 경우는 파닉스 교육이 영어 공부의 출발점이 되겠지만, 음운이나 문자에 관심이 없거나 어려워하는 아이들은 파닉스 교육보다는 애니메이션이나 동화책 읽어 주기가 훨씬 더 효과적입니다.

실제로 주변에서 영어를 잘하는 아이를 보면 유아기에 시작한 경우도 있고, 초등 3학년 이후에 시작한 경우도 많습니다. 유아기에 우리말과 영어 두 가지를 잘 구분해서 사용할 수 있고, 스트레스를 받지 않는다면 일찍 배우는 것이 좋겠지요. 공부보다는 노출 시간을 늘려서 자연스러운 습득이 가능할 수도 있습니다. 그렇지 않다면 국어 학습에 먼저 집중해야 합니다. 유아기부터 영어 단어와 문장을 외우는 방식으로 접근한다면 아이들은 무척 부담을 느낄 수 있고, 실제로 한글 습득이나 어휘 발달에 혼란을 겪을 수 있습니다. 초등 저학년까지 충분한 국어 학습은 오히려 영어를 배우는 데도 유연한 사고력을 키워 쉽게 익힐 수 있습니다.

요즘에는 인터넷을 활용한 다양한 학습 자료들이 많습니다. 학원을 다니거나 큰돈을 들이지 않고서도 자연스럽게 영어 환경에 노출될 기회가 많습니다. 타율적으로 공부하는 영어가 아니라 매일 조금씩 영어를 접하면서 재미를 찾아가도록 하면 됩니다. 요즘은 학원표 영어보다 엄마표 영어에 더 관심 두는 이유입니다. 아이가 책읽기에도 집중하고 언어 이해력이 잘 발달하고 있다면 시도해 보세요.

영어는 자연스럽게 환경에 노출되는 시간을 늘리는 것이 시작입니다. 초등 1학년에는 공부보다는 놀이로 접근하고, 문화적으로 익숙하게 접하는 정도면 적당합니다. 일단 듣기로 영어 문장과 상황에 대한 다양한 경험이 축적되면, 영어 공부는 학년이 올라가면서 자연스럽게 영어 동화책 읽기로 정착될 수 있습니다. 무엇보다 영어에 대한 긍정적인 태도를 갖도록 하는 것이 목표라는 것을 잊으면 안 됩니다.

1학년 영어 공부, 이 정도면 충분하다

초등 1학년 영어 공부는 이 정도면 충분합니다.

첫째, 매일 영어로 된 영화나 애니메이션을 놀이처럼 보면 좋습니다. 소리로 듣고 눈으로 보면서 영어 환경에 자연스럽게 노출됩니다. 단어를 외우거나 문법 공부, 쓰기는 하지 않아도 됩니다.

둘째, 영어 동화책을 매일 읽어 주세요. 녹음 자료도 좋습니다. 스마트폰을 활용하면 어렵지 않게 들을 수 있습니다. 집중해서 반복하다 보면 아이들은 단어와 소리를 결합하며, 문장도 차츰 외우게 됩니다. 나중에는 단어의 뜻이나 관용어구들을 자연스럽게 연결해서 알게 됩니다. 마치 한글 책을 읽는 과정과 매우 비슷합니다.

셋째, 영어 동화책을 꾸준히 읽으며 말하기, 듣기, 읽기, 쓰기 실력을 키울 수 있습니다. 이해하고 외우는 어휘와 문장이 늘어나면서 아이들은 스스로 영어 동화책 읽기에 기쁨을 맛보게 됩니다. 학년이 올라가면서 조금 더 글이 많은 책으로 도전할 수 있습니다. 간단한 낱말이나 한 문장 정도 있는 쉬운 동화책부터 도전하세요. 영어책 내용을 숙지하면 간단하게 즐길 수 있는 독후활동으로 경험을 확장해 주는 것도 좋습니다.

넷째, 엄마의 꾸준한 관심과 격려는 필수입니다. 빠른 결과를 기대하기보다는 적어도 6개월 이상 기다리면서 성실하게 하루하루 읽다 보면 축적된 경험이 스스로 읽기로 이어질 것입니다. 엄마가 불안해하고 채근하면 아이는 학습으로 인식하여 부담을 가질 수밖에 없습니다. 영어 공부는 긴 마라톤과 같습니다. 초등 1, 2학년에 영어책 읽기만 꾸준히 하면, 초등 3학년 영어 교과 시간에는 자신 있게 참여할 수 있습니다.

1학년의 글쓰기 단계

1학년 1학기 말에는 그림일기 쓰기를 배우고, 1학년 2학기 말에는 겪은 일을 글로 쓰기 즉, 일기 쓰기를 학습합니다. 본격적인 글쓰기 방법을 익히고, 실제로 써 보는 활동입니다. 한글이 충분히 습득되고, 자기 생각을 다양한 방법으로 표현하는 교육 과정을 마무리하는 단계입니다.

> **1학년의 글쓰기 단계**
> - **1단계** 겪은 일이 잘 드러나게 말하기
> - **2단계** 겪은 일에 대한 생각이나 느낌 말하기
> - **3단계** 겪은 일 정리하기
> - **4단계** 겪은 일이 드러나게 글쓰기
> - **5단계** 기억에 남는 일을 일기로 쓰기

이러한 단계를 거치며 차분하게 글감을 고르고, 표현을 골라서 글을 완성하는 방법을 배웁니다. 그동안 읽기와 말하기, 듣기, 쓰기 같은 국어 수업이 유기적으로 잘 발달하였다면 완성도 높은 글을 쓸 수 있습니다. 그러나 이런 단계를 밟아 정석으로 쓰는 글보다 더 맛있는 글이 되려면, 자신의 경험을 독창적인 시각으로 표현할 줄 알아야 합니다. 바로 살아 있는 글쓰기라고 할 수 있지요. 똑같은 경험을 하고도 표현하는 어휘와 문장이나 의도에 따라 글맛은 달라집니다. 어떻게 하면 아이들이 살아 있는 글쓰기를 할 수 있을까요?

첫째, 생활 속에서 찾아야 합니다. 거창하고 특별한 일이 아니라 하루하루 겪은 일을 소재로 삼아야 합니다. 글 쓰려고 앉으면 막연하게 무엇을 써야 할지 결정하지 못하는 아이들이 많습니다. 가까운 이야기를 소재로 삼기 위해서는 지금 시점부터 거슬러 올라가 있었던 일을 기억하세요.

둘째, 먼저 말로 표현해 봅니다. 무슨 일이 있었는지 순서대로 나열하고

그중에서도 더 기억에 남는 장면은 자세히 설명해도 좋습니다. 말로 표현하고 써 보면 자연스럽게 이어쓰기가 더 쉽습니다. 이야기를 들어 주는 엄마의 표정에 위트와 호기심 어린 반응이 있다면, 아이는 더욱 재미난 생각을 끌어낼 수도 있습니다.

셋째, 자신의 기분이 어떤지도 분명하게 표현할 수 있어야 합니다. 단순하게 '재미있다'로 시작하여 무엇이 어떻게 재미있었는지를 여러 가지로 반복해서 표현해 봅니다. 평소에 대화로 소통이 잘 되는 아이들은 재미있는 표현을 잘 찾아냅니다.

넷째, 특별한 기분이 들 때나 특별한 일이 있을 때마다 글로 남겨 두는 습관을 지니면 좋습니다. 아이들이 평소와 다른 경험을 했을 때는 좀 더 상기된 마음일 수 있습니다. 그런 마음을 글로 남겨 두는 습관은 자기 마음을 정리하거나 추억을 기억하기에도 좋은 방법입니다. 예를 들면, 가족이 아프거나, 새로운 가구를 들였거나, 고대하던 장난감을 샀던 것처럼 특별한 에피소드가 있을 때 글쓰기를 하는 것이지요. 아이디어 공책이나 여행 공책, 상상 공책처럼 내용에 따른 공책을 마련해서 글을 쓰게 하세요. 길이가 길지 않아도 좋고, 포스트잇에 간단하게 적어도 좋습니다.

다섯째, 아이가 글을 완성했을 때 막연하게 잘 썼다는 평가보다는 구체적으로 칭찬해 봅니다. 예를 들면, 《도토리네 빵집》을 읽고 글을 썼다면 "도토리네 빵집에 도토리가 저렇게 많을 줄 몰랐다는 문장이 아주 재밌구나. 정말 그림책에 도토리가 많더구나."처럼 구체적으로 반응해 주세요. 그러면 아이는 다음에는 더 웃기면서도 솔직하게 글을 쓰려고 할 것입니다. 살아 있는 글맛은 바로 여기서 출발합니다.

여섯째, 아이의 재미난 생각을 격려하고 기록으로 남겨 봅니다. 대화 중에 우연히 나온 재미난 생각들은 바로 창의성의 보고이며, 자신감의 출발입니다. 1학년의 눈높이에서 터져 나오는 별난 아이디어에 하하하 웃으며 반응해 주고, 칭찬해 주세요.

1학년 글쓰기, 이 정도면 충분하다

초등 1학년 글쓰기는 이 정도면 충분합니다.

첫째, 초등 1학년 글쓰기에서 철자법은 중요하지 않습니다. 아이들이 쓰고 싶은 내용은 있지만, 글자를 모르거나 정확하게 쓰지 못해서 망설이는 경우가 있습니다. 그래도 쓰게 하세요. 우리 교실에서는 작은 쪽지를 쌓아 놓고 모르는 글자를 물어보게 합니다. 선생님이나 친구가 쪽지에 써 주는 것이지요. 그러면 쪽지를 보고 글쓰기를 계속할 수 있습니다. 글자는 생각을 부르는 도구에 불과하기 때문에 이런 과정을 거치다 보면 몰랐던 글자도 확실하게 알게 되고, 아는 글자는 활용해서 문장을 쓸 줄 알게 됩니다. 글자가 혹시 틀려도 절대 체크하지 마세요. 맥락을 아는 것이 더 중요합니다.

둘째, 생각이나 느낌 말하기를 많이 할수록 글쓰기는 빨리 성장합니다. 우리 교실에서는 수업 시간이 끝날 때마다 생각이나 느낀 점을 이야기로 나눕니다. 하교할 때도 하루를 돌아보며 간단하게 이야기를 나눕니다. 이런 경험이 쌓이면 자기 생각이나 느낌을 빨리 알아채게 됩니다. 글쓰기로 확장하는 데 어려움이 줄어들지요.

셋째, 자주 쓸수록 글쓰기 실력도 늡니다. 생각을 글로 옮기는 활동은 자주 하면 할수록 익숙해져서 두려움도 줄어들고 쉬운 일이 됩니다. 그러다가 혹시 재미있는 문장이라도 쓰게 되면 본인도, 엄마도 기쁘지요. 이런 체험이 자주 일어나도록 수시로 써 보면 좋겠습니다.

넷째, 한 줄 쓰기부터 시작하여서 한 바닥 쓰기까지 양을 늘려 보세요. 줄 없는 종합장에 해도 좋고, 10칸 공책에 써도 좋습니다. 처음에는 부담이 적도록 책 읽고 한 줄 쓰기 정도로 시작해서 점차로 늘려 가면 좋습니다. 초등 1학년은 성장하는 즐거움이 가장 큽니다. 한 걸음씩 성장하는 아이를 지켜보고 손뼉 쳐 주는 일이 가장 중요합니다. 그러다 보면 어느 날 문득, 어른들을 놀라게 하는 멋진 표현력으로 긴 문장을 쓰는 날이 올 것입니다.

03

책읽기 기초 다지는 초등 1학년 만드는 비결

더 읽어 주세요

초등 1학년이면 글씨를 알기 때문에 혼자 읽기가 가능합니다. 그런데 입학 시기인 3월을 기점으로 보면 대체로 학급의 절반 정도만 스스로 읽기가 가능합니다. 게다가 독해까지 되는 아이들은 그중에서 또 절반에 그칩니다. 글씨를 알지만, 아직 원활하게 읽고 내용을 파악하기에는 더 연습이 필요합니다.

따라서 초등 1학년 때는 아직 더 읽어 주는 것이 좋습니다. 혹시 계속 읽어 주면 아이가 읽기 독립을 못 할까 봐 걱정하는 경우가 있지요. 그런데 아이들은 자연스럽게 일정 시기가 지나면 읽어 달라고 하지 않습니다. 혼자 빨리 읽는 것이 더 편하기 때문이죠. 또 읽어 주면 아이 혼자 읽는 것보다 더 많은 양의 책을 읽을 수 있습니다. 읽기 능력이 더 수월하게 향상될 수 있지요. 그렇다면, 유아기와 다르게 읽어 주려면 어떤 방법이 좋을까요?

첫째, 스토리가 분명한 이야기를 읽어 주세요. 듣기에 더 집중할 수 있습니다. 스토리가 분명하고 사건 전개의 기승전결이 확실하다면 분량이 좀 많아도 아이들은 잘 들을 수 있습니다. 꼭 하루 한 권이 아니더라도 며칠 동안 연결해서 읽어 주어도 괜찮습니다. 아이들은 집중해서 듣게 되고, 스토리에 더욱 관심을 가질 것입니다.

둘째, 아이가 호기심을 가지는 분야의 정보책도 같이 읽어 주세요. 용어가 어려운 책은 언어 이해력이 부족하면 접근하기 어렵습니다. 함께 읽으면서 아이에게 내용을 설명해 주면 배경지식을 확장하는 데 도움이 됩니다. 정보책은 전체를 읽어 주기보다는 함께 살펴보면서 필요한 곳만 찾아 읽어도 됩니다.

셋째, 어떤 책을 읽어 줄지는 아이와 함께 정하세요. 도서관에 가서 함께 대출하는 것도 좋은 방법입니다. 아이가 원하는 책도 고르고, 엄마가 읽어 주고 싶은 책도 권해 보세요. 책을 고르는 꾸준한 연습이 됩니다. 책을 잘 고르면 읽어 주는 시간도 즐겁고, 읽고 난 후에 아이 스스로 그 책을 다시 읽기도 합니다. 책과 친해지는 계기가 됩니다.

넷째, 읽어 주기에서 가장 핵심은 규칙적으로 꾸준히 읽어 주는 것입니다. 매일 저녁 15분 정도의 시간을 갖고 읽어 주세요. 규칙적으로 꾸준히 읽어 주는 것이 가장 어렵고도 쉬운 방법입니다. 엄마와 함께 읽는 시간이 습관이 되면 어느 순간부터 아이는 독립하여 15분 동안 혼자 읽는 단계로 발전할 것입니다.

다섯째, 책을 읽어 줄 때 어려운 낱말이나 배경지식을 설명해 주면 독해에 도움이 됩니다. 단, 설명이 우선이면 전체 맥락을 파악하는 데 방해가 됩니다. 책읽기가 아니라 학습이 될 수도 있겠지요. 아이의 반응을 살피며 의견을 존중해 주세요. 책을 읽어 준 후에는 질문 만들기, 소감 이야기하기 등을 간단하게 하세요. 중요한 것은 아이와 마음이 통하는 즐거움을 느끼는 것입니다. 그러면 아이는 다음 날 책 읽어 주는 시간을 또 기다릴 것입니다.

여섯째, 아이가 혼자 읽겠다고 하는 날이 오면, 엄마는 그 시간에 엄마의 책을 읽으세요. 그동안 아이는 엄마와 사이에서 생긴 신뢰를 바탕으로 편안하게 자신의 책을 읽을 것입니다. 아이에게 책 읽어 주는 시간은 마음을 읽어 주는 시간입니다. 부모 역할을 하는 기간에도 아주 짧은 시간 동안만 가능한 일입니다. 엄마에게도, 아이에게도 가장 소중한 기억으로 남을 것입니다.

스스로 읽는 힘을 길러라

언어 교육의 권위자 스티븐 크라센 교수는 《읽기 혁명》에서 국어를 익히든, 외국어를 배우든 언어를 습득하는 방법은 한 가지라고 말합니다. 읽고 싶은 책을 마음껏 읽는 것. 크라센 교수는 이러한 읽기 방법을 자발적인 읽기(free voluntary reading)라고 부릅니다. 이 책에서는 자발적인 읽기가 갖는 효과를 다양한 실험으로 보여 줍니다. 자발적인 읽기 시간을 가진 학생들이 전통적인 수업 방식으로 공부한 학생들보다 언어 시험에서 더 좋은 성적을 받은 연구 결과가 있습니다. 자발적으로 책을 읽을 때 독해력, 어휘력, 문체, 문법, 철자 쓰기 같은 언어 능력이 발달하는 것이지요. 의식적인 공부보다는 자율적으로 언어를 습득할 방법인 자발적인 읽기가 언어 교육에서 중요하다는 것입니다.

초등 1학년에서 선생님이나 엄마가 책을 읽어 주는 것의 목적은 자발적인 읽기로 이끌기 위한 과정입니다. 따라서 책을 읽어 주면서 스스로 읽을 수 있는 마음이 생기도록 해야 합니다. 엄마가 꾸준히 읽어 주면서 책과 가깝게 지낸다면 아이는 스스로 읽고 싶은 동기 부여가 일어납니다. 스스로 읽으려는 자발적 읽기로 발전하려면 구체적으로 어떻게 도와주면 좋을까요?

첫째, 좋아하는 책은 마음껏 읽어야 합니다. 책을 읽고 싶은 마음은 언제 생길까요? 책을 읽고 뿌듯한 마음으로 책장을 덮을 때입니다. 바로 자발적 읽기의 마음이 드는 순간이지요. 따라서 좋아하는 책을 읽어야 또 책을 읽고 싶어집니다. 그러므로 아이들이 좋아하는 책을 마음껏 읽게 하세요. 읽었지만 또 읽어도 좋고, 가지를 뻗어 다른 책으로 확장하면 더욱더 좋겠지요.

둘째, 책 읽는 환경을 만들어 주세요. 책을 읽으려면 책이 있어야 합니다. 엄마가 원하거나 주변에서 권하는 책이 아니라, 아이가 원하는 책들로 구성된 책꽂이가 있어야 합니다. 거실 한가득 책이 있지만, 아이가 좋아하는 책이 두어 칸에 불과한 가정도 많습니다. 책을 많이 소장하는 것보다 좋아하는 책이 많은 것이 더 중요합니다. 도서관이나 서점에 자주 가서 아이가 새로운 분야에 관심을 두고 읽을 책을 고르게 하세요. 엄마 아빠도 책을 읽어야 아이도 따라 합니다. 특히, 초등 1학년이라면 부모님의 모습에서 많은 영향을 받습니다.

셋째, 책 읽는 시간이 충분해야 합니다. 초등 1학년 가운데 심심한 아이들을 찾기는 어려울 듯합니다. 소화해야 할 스케줄이 있으니 말이지요. 아이들이 책을 읽지 않는다고 하지만, 사실은 책 읽을 시간이 부족합니다. 잠시 쉬거나 한가한 시간이 생겨도 스마트폰처럼 쉽고 자극적인 놀이가 있으니 더욱더 그렇지요. 스마트폰도 어느 정도 집중하면 피곤해지기 때문에 아이들에게는 이도 저도 마땅치 않은 심심한 시간이 필요합니다. 그럴 때 아이들은 스스로 책을 읽으려는 생각이 듭니다. 책을 읽고, 더 읽고 싶어서 찾아보려면 그럴만한 여유가 필요합니다.

넷째, 아이가 읽는 책에 관심을 두어야 합니다. 무슨 책을 읽고 좋아하는지 관심을 두세요. 작가는 누구인지, 어느 나라 이야기인지, 비슷한 책은 또 어떤 것이 있는지 읽는 책의 영역을 확장할 수 있도록 같이 이야기 나누고, 책 고르는 시간을 가지세요. 아이는 책 이야기를 더 많이 할 것입니다. 다만, 엄마가 선생님의 태도로 묻고 대답을 평가한다면 아이는 이 시간을 공부로 여길 수 있습니다. 즐거운 호기심 놀이가 될 수 있도록 아이의 책 이야기를 들어 주세요.

다섯째, 책을 많이 읽으면 교과서가 쉬워집니다. 배경지식이 활성화되어 이미 새로운 지식을 받아들일 때 스스로 체계화하는 능력이 탁월하게 발전합니다. 책을 많이 읽으면 공부도 잘하는 것은 바로 이런 이유입니다.

단순히 아는 지식을 나열하거나 외우는 수준의 독서는 큰 의미가 없는 시대입니다. 지식을 연계하여 창의적인 새로운 결과물로 생산하는 능력이 필요합니다. 교과서를 이해하는 방식도 마찬가지입니다. 책을 많이 읽으면 교과서의 지식과 정보, 읽기와 쓰기 능력이 향상합니다.

그림책 읽기와 집중력

소아 신경과 전문의 김영훈 박사는 《하루 15분, 그림책 읽어주기의 힘》에서 그림책을 읽을 때는 뇌의 모든 부분이 활성화하여 언어 발달, 뇌 발달, 정서 발달에 영향을 미치며, 이때 뇌 속에 저장된 단어와 표현이 초등학교 입학기부터 서서히 나타난다고 강조합니다. 또 집중력이란 여러 자극 중에서 중요하다고 생각하는 것에 대하여 집중적으로 주의를 기울이는 정신적인 힘을 말합니다.

그중에서도 수동적 집중력은 자극이 주어지는 대로 끌려다니는 본능, 단순한 호기심 충족, 또는 신기하고 강한 자극일 때 일어납니다. 즉, 디지털 반응에 집중하는 것은 진짜 집중력이 아닙니다. 반대로 우리 아이들에게 필요한 능동적 집중력은 자신이 주체가 되어서 원하는 주의를 유지할 때 필요한 것입니다. 다소 지루한 것이 반복될 때, 어려운 과제를 할 때 본격적으로 발휘합니다. 익숙하고 평범한 것에서 세세한 관심을 기울여 새롭고 신기한 것을 찾아내는 것도 포함합니다. 인내심과 끈기로 집중하게 하는 적극적인 집중력이지요. 그림책 읽기는 이러한 능동적이고 적극적인 집중력을 키워 줍니다.

능동적 집중력은 쓰면 쓸수록 더 높아집니다. 예를 들면, 그림책을 볼 때 비슷한 장면이 나오면 더 집중해서 차이를 찾아내는 것처럼 말이지요. 또 천천히 반복해서 보면 그림 구석구석을 관찰할 수 있습니다. 그 과정에서 새로 보는 사물이나 장면으로 시각 집중력이 발달하고, 또 새로 듣는 단어나 문장으로 청각 집중력이 발달하여 소리 변별력이 생깁니다.

앤서니 브라운 작가의 그림책을 읽어 줄 때 이런 경험을 여러 번 했습니다. 그림책《고릴라》는 거의 십 년 넘게 아이들에게 읽어 준 책입니다. 선생님이 읽어 주면 아이들이 다시 가져가서 읽습니다. 그러던 어느 날, 책 표지에 킹콩 그림이 있다며 가져온 아이가 있습니다. 엠파이어스테이트 빌딩에서 비행기 공격을 받는 바로 그 킹콩의 모습입니다. 누구도 발견하지 못한 것을 찾아낸 것입니다. 이런 경험은 앤서니 브라운 작가의 책을 읽을 때 자주 일어났습니다. 발견의 즐거움을 주는 작가입니다. 아이들은 앤서니 브라운의 책을 반복해서 읽으며 끊임없이 새로운 것을 찾아냅니다. 이럴 때 능동적 집중력이 가동하고, 자연스럽게 자발적인 책읽기로 이어집니다.

독서는 인간이 진화하고 발달을 거듭하면서 새롭게 생긴 뇌의 기능이라고 합니다. 따라서 새로운 개체가 태어날 때마다 뇌에 자극을 새로 만들어야 하는 회로라는 것입니다. 독서는 인간이 성장하면서 적당한 자극만 주어지면 당연히 갖게 되는 경험 기대적 발달이 아니라, 빨리 접하고 많이 접할수록 뇌에 시냅스가 늘어나고 회로가 많아지는 경험 의존적 발달인 것입니다.

유아기에 그림책을 많이 읽어 주었다면, 뇌는 책을 읽을 수 있는 회로를 더 빨리 더 많이 만들었을 것이며, 초등 1학년이 되면서 스스로 책읽기와 자연스럽게 연결될 것입니다. 책을 많이 읽은 아이가 더 잘 읽고, 집중력이 뛰어난 것은 당연한 현상입니다.

　책 읽는 동안 일어나는 집중력은 모든 학습 능력의 기본이 됩니다. 아이가 집중해서 그림책을 읽을 때 지켜보세요. 그림과 글을 같이 읽으면서 아이는 새로운 것, 새로운 의미, 새로운 메시지를 끊임없이 찾아내려고 노력합니다. 책 읽어 주기는 계속해야 합니다. 엄마 아빠와 함께 책을 읽으면서 나누는 대화는 더욱 책읽기를 집중하게 합니다.

책읽기 습관, 매일 15분 책읽기

우리 반에서는 십 년 전부터 매일 15분 책읽기를 하고 있습니다. 먼저, 입학 후에 한 달 동안 매일 아침 15분 정도 스스로 책을 읽습니다. 교실에는 300여권의 학급 문고가 준비되어 있습니다. 다양한 분야의, 다양한 수준의, 다양한 책들이 있습니다. 아이들은 학급 문고에서 이런 저런 책을 골라 읽으면서 아침 시간을 보냅니다.

　그다음 15분 정도는 선생님이 읽어 줍니다. 유치원 시기부터 이런 경험을 해와서인지 아이들은 이 시간을 편안하게 생각합니다. 학교에 오면 혼자 읽고 공부해야 하는 줄 알았는데, 선생님이 읽어 주니 부담 없이 즐거워합니다. 주로 존 버닝햄 작가의 《지각대장 존》으로 시작합니다. 기본 서사 구조가 단순하지만 반전의 묘미도 있어서 아이들이 무척 좋아합니다. 다음 날부터 아이들이 앞다투어 이 책을 가져다 읽습니다.

　한 달 동안 존 버닝햄의 《검피 아저씨》 시리즈를 읽어 주고, 독후 활동을 합니다. 뱃놀이하거나 자동차에 타는 그림을 그리는 것입니다. 커다랗게 그린 검피 아저씨의 빨간 자동차에 아이들 모두 탑니다. 이러한 활동은 서로 한배를 탔다는 일체감을 느끼게 하고, 상상 속 세계로 들어갔다 나오는 경험도 됩니다. 아이들은 이 순간부터 긴장했던 마음을 풀고 무장 해제를 합니다.

이렇게 책을 읽어 주면, 아이들은 아침 시간 책 읽는 15분 동안 무엇을 해야 할지 서서히 알아 갑니다. 교실에 있는 여러 가지의 존 버닝햄 책을 찾아 읽고, 또 비슷한 느낌의 다른 책도 찾아봅니다. 학교 도서관에서도 책을 빌릴 수 있습니다. 도서관 이용 수업을 하고 나서 한 권씩 빌려 와서 아침 시간에 그 책을 봅니다. 매일 아침 15분 책읽기 시간이 자연스럽게 고정되는 순간입니다. 아이들은 다른 친구들이 무슨 책을 읽는지도 관심 있게 봅니다. 15분 스스로 읽기, 15분 책 읽어 주기까지 매일 아침 30분 정도 책읽기로 시간을 보내는 일이 익숙해지기까지는 한 달 정도 걸립니다.

4월이 되면, 가정으로 매일 15분 책읽기 체크 리스트(193쪽 표)를 보냅니다. 아이들이 학교에서 15분 책읽기를 하고 있으니, 가정에서도 15분 책읽기를 함께하는 것입니다. 강제로 하는 것은 아니고 꾸준히 할 수 있도록 매일 독려하기만 합니다. 대부분 아이가 집에서도 하려고 노력합니다. 부모님들도 관심 있게 지도해 주지요. 학교에서 다른 숙제는 없고, 15분 책읽기만 하기 때문에 큰 부담은 없습니다. 어떤 책을 읽었는지, 정말 15분을 정확하게 읽었는지도 중요하지 않습니다. 그저 매일 15분 정도의 시간을 책읽기에 사용하려고 노력하는 정도면 충분합니다. 한 달이 지나면 동그라미 한 체크 리스트를 제출합니다. 5월에는 '잠자기 전 15분 책읽기', 6월에는 '매일 저녁 15분 책읽기'로 명칭을 바꾸어 계속 과제를 줍니다.

부모님들 반응이 매우 좋습니다. 아이가 책을 붙잡고 있는 시간이 조금씩 늘어나고 있고, 그 모습이 대견하다는 의견이 가장 많습니다. 아직 혼자 읽기가 익숙하지 않은 아이들이 노력하는 과정을 뿌듯해합니다. 체크 리스트에 기록한 부모님 소감을 읽어 보면 가정 분위기도 알 수 있습니다. 아이가 책 읽는 시간 15분 동안 엄마도 같이 읽게 되었고, 형제들도 읽는다는 가정도 있습니다.

혹시 강제적인 방법으로 생각할까 봐 과도한 보상을 하지 않고, 다 못한 아이도 질책하지 않습니다. 다만, 이런 방법이 있으니 꾸준히 함께 하자는 이야기를 계속합니다. 이렇게 1년을 보내면 아이들은 학교에서 15분, 가정에서 15분씩 매일 읽어서 놀라운 독서 시간이 쌓입니다. 읽는 양의 축적은 놀라운 성장의 발판이 됩니다. 읽기 능력은 물론 집중력, 논리력, 수리력, 사회성, 지능까지 고루 향상합니다. 감성 발달과 함께 공부 머리로 성장합니다. 아이들의 변화를 보면서 늘 보람을 느낍니다. 모든 아이들이 이 15분을 잘 사용하지는 못합니다. 개인차가 있지만, 전반적으로 15분에 대한 노력은 하므로 책읽기 습관은 어느 정도 정착이 되는 것이 사실입니다.

15분은 습관으로 정착하기에 적당한 시간이라고 합니다. 가정에서도 매일 15분 정도 책읽기를 해 보세요. 다른 공부는 못해도 책읽기는 꼭 해야 합니다. 습관이 되면 더 쉽고 재미있습니다. 아이들의 놀라운 성장을 함께 지켜볼 수 있습니다.

매일 15분 책읽기 프로젝트

1학년   반 이름(   )

매일 아침 학교에서 15분 책읽기를 하고 있습니다. 가정에서도 매일 15분 책읽기를 해 보세요.

날짜	1일	2일	3일	4일	5일	6일	7일
아침 (학교)	15분 동안 읽었어요.	15분 동안 읽었어요.	15분 동안 읽었어요.	15분 동안 읽었어요.	15분 동안 읽었어요.	15분 동안 읽었어요.	15분 동안 읽었어요.
저녁 (집)	15분 동안 읽었어요.	15분 동안 읽었어요.	15분 동안 읽었어요.	15분 동안 읽었어요.	15분 동안 읽었어요.	15분 동안 읽었어요.	15분 동안 읽었어요.
날짜	8일	9일	10일	11일	12일	13일	14일
아침 (학교)	15분 동안 읽었어요.	15분 동안 읽었어요.	15분 동안 읽었어요.	15분 동안 읽었어요.	15분 동안 읽었어요.	15분 동안 읽었어요.	15분 동안 읽었어요.
저녁 (집)	15분 동안 읽었어요.	15분 동안 읽었어요.	15분 동안 읽었어요.	15분 동안 읽었어요.	15분 동안 읽었어요.	15분 동안 읽었어요.	15분 동안 읽었어요.
날짜	15일	16일	17일	18일	19일	20일	21일
아침 (학교)	15분 동안 읽었어요.	15분 동안 읽었어요.	15분 동안 읽었어요.	15분 동안 읽었어요.	15분 동안 읽었어요.	15분 동안 읽었어요.	15분 동안 읽었어요.
저녁 (집)	15분 동안 읽었어요.	15분 동안 읽었어요.	15분 동안 읽었어요.	15분 동안 읽었어요.	15분 동안 읽었어요.	15분 동안 읽었어요.	15분 동안 읽었어요.
날짜	22일	23일	24일	25일	26일	27일	28일
아침 (학교)	15분 동안 읽었어요.	15분 동안 읽었어요.	15분 동안 읽었어요.	15분 동안 읽었어요.	15분 동안 읽었어요.	15분 동안 읽었어요.	15분 동안 읽었어요.
저녁 (집)	15분 동안 읽었어요.	15분 동안 읽었어요.	15분 동안 읽었어요.	15분 동안 읽었어요.	15분 동안 읽었어요.	15분 동안 읽었어요.	15분 동안 읽었어요.
날짜	29일	30일	〈매일 15분 책읽기 프로젝트〉를 마치고				
아침 (학교)	15분 동안 읽었어요.	15분 동안 읽었어요.					
저녁 (집)	15분 동안 읽었어요.	15분 동안 읽었어요.					

매일 15분 이상 읽었으면 스스로 동그라미 합니다. 5월 1일에 제출합니다.

부모님 말씀	

잠자기 전 15분 책읽기 프로젝트

1학년   반 이름(   )

매일 잠자기 전에 15분씩 책읽기를 해 보세요.

1일	2일	3일	4일	5일	6일	7일
15분 동안 읽었어요.	15분 동안 읽었어요.	15분 동안 읽었어요.	15분 동안 읽었어요.	15분 동안 읽었어요.	15분 동안 읽었어요.	15분 동안 읽었어요.
8일	**9일**	**10일**	**11일**	**12일**	**13일**	**14일**
15분 동안 읽었어요.	15분 동안 읽었어요.	15분 동안 읽었어요.	15분 동안 읽었어요.	15분 동안 읽었어요.	15분 동안 읽었어요.	15분 동안 읽었어요.
15일	**16일**	**17일**	**18일**	**19일**	**20일**	**21일**
15분 동안 읽었어요.	15분 동안 읽었어요.	15분 동안 읽었어요.	15분 동안 읽었어요.	15분 동안 읽었어요.	15분 동안 읽었어요.	15분 동안 읽었어요.
22일	**23일**	**24일**	**25일**	**26일**	**27일**	**28일**
15분 동안 읽었어요.	15분 동안 읽었어요.	15분 동안 읽었어요.	15분 동안 읽었어요.	15분 동안 읽었어요.	15분 동안 읽었어요.	15분 동안 읽었어요.
29일	**30일**	**31일**	**느낀 점 쓰기**			
15분 동안 읽었어요.	15분 동안 읽었어요.	15분 동안 읽었어요.				

매일 15분 이상 읽었으면 스스로 동그라미 합니다. 6월 1일에 제출합니다.

부모님 말씀	

스스로 책 고르기도 연습하면 된다

자발적 읽기에서 가장 중요한 지점은 자기 주도성에 있습니다. 그러기 위해서는 재미를 계속 유지할 수 있는 책을 읽어야 합니다. 서점이나 도서관에 가도 너무 많은 책이 있어서 그중에 어떤 책을 읽어야 할지 고민되기도 합니다. 추천 목록도 있지만, 사실 큰 의미는 없습니다. 아이마다 관심 분야나 독서 능력이 다르기 때문입니다. 추천을 누가 했느냐에 따라 지극히 주관적일 수 있습니다. 따라서 아이가 좋아하는 책을 잘 고르게 하는 것이 중요합니다. 그런데 아이들이 스스로 책을 잘 고르기는 쉽지 않습니다.

아이들에게 도서관에 가서 읽고 싶은 책을 고르게 하면, 많은 아이가 혼란스러워합니다. 많은 책 가운데 한 권을 고른다는 것은 초등 1학년에게 무척 어려운 일입니다. 범위가 너무 넓은 것이지요. 그러다 보니 시간이 오래 걸리는 아이, 계속 고른 책을 바꾸는 아이, 읽은 책만 다시 고르는 아이, 못 고르고 계속 돌아다니기만 하는 아이, 포기하고 장난치는 아이까지 있습니다. 어떤 아이는 결국 고르지 못하고 교실 학급 문고로 돌아와서 선택하기도 합니다. 선택은 어려운 일이기도 합니다. 그래서 책 고르는 것도 연습이 필요합니다.

1학기에는 주로 학급 문고에서 책을 고르던 아이들이, 2학기가 되면 도서관에서 잘 찾아옵니다. 특히, 책읽기 능력이 일정 궤도에 오른 아이들은 책 찾는 재미를 쏠쏠하게 느낄 줄도 압니다. 고른 책에 반응해 주고, 친구들에게 소개도 합니다. 성공적인 경험이 쌓이면서 책읽기에도 자신감이 생깁니다. 꾸준히 연습한 결과입니다.

그렇다면, 책 고르기는 어떻게 연습하면 될까요?

첫째, 작은 범위에서 책 고르기를 먼저 해 봅니다. 도서관이나 서점에서 구역이나 칸을 정해 놓고 거기서만 고르고, 집에서도 범위를 정해 놓고 거기서만 골라 봅니다. 그러면 아이들 눈높이에서 고르기가 쉽습니다. 예를 들면, 교실 학급 문고 가운데 옛이야기 분야에서 고르기, 과학 분야에서 고르기, 그림책 분야에서 고르기 같은 작은 범위를 주어 쉽게 고르도록 도와줍니다.

둘째, 책 고르기에 실패할 기회도 있어야 합니다. 도서관에서 어렵게 고른 책을 금세 다시 가져다 놓는 아이들도 많습니다. 실패하는 경험은 책 고르기에서 꼭 필요합니다. 읽어 보지 않은 책이니 자기 마음에 맞는지, 재미있는지 알 수가 없습니다. 좀 읽어 보다가 마음에 들지 않으면 바꾸어도 됩니다. 이런 실패의 경험은 책 고르기에 도움이 됩니다. 실패 경험이 많아야 좋은 책도 잘 고를 수 있습니다. 단, 어떤 책을 골라 와도 괜찮다는 허용적인 분위기여야 합니다.

셋째, 책 찾기 미션을 해 봅니다. 학교에서는 도서관 수업을 자주 하는데, 그때마다 책 찾기 미션을 줍니다. 예를 들면, 책 표지가 초록색인 책, 동물이 나오는 책, 꽃이 나오는 책 등 다양한 미션을 주면 책 찾기가 더 쉽습니다. 시간이 지나면서 범위를 좁혀 갑니다. 옛이야기 가운데 호랑이가 나오는 책, 코키 폴 작가의 작품 가운데 마녀 위니가 나오는 책, 악어가 나오는 그림책 같이 좀 더 세심한 미션을 주어 책을 찾게 하세요.

넷째, 책을 잘 고르려면 기준이 있어야 합니다. 기준을 정립하는 데는 좋은 책을 읽은 경험이 절대적으로 영향을 미칩니다. 평소 선생님이 읽어 준 책, 엄마가 읽어 준 책을 통해 좋은 책에 대한 경험이 꾸준히 쌓이면 자신도 모르게 기준이 생깁니다. 또 자신의 독서 능력이나 호기심에 맞는 책을 찾습니다. 책을 읽고 좋았던 경험을 많이 만들어 주세요. 어떤 책이 재미있고 좋은지 아이들이 점점 더 잘 찾게 됩니다.

책 읽고 이야기 나누기

초등 1학년 수준에서 가장 좋은 독후 활동은 책 읽고 이야기 나누는 것입니다. 우리 반에서는 책을 읽어 준 후에 질문하기를 합니다. 단순히 소감만 표현하기보다는 좀 더 구체적인 이야기를 나누고 싶어서 시작했는데, 익숙해지니 아이들이 질문거리를 고민하며 읽어 주는 시간에 더욱 집중하게 되었습니다.

예를 들면, 애니메이션 〈에픽 : 숲속의 전설〉을 바탕으로 출간된 그림책 《리프맨》을 읽어 주고, 아이들과 이야기를 나누었습니다. 매일 숲에서 노는 우리 반 아이들에게 리프맨은 너무나도 친화적이었습니다. 쥐며느리 부대, 거미와 개미처럼 낯설지 않은 존재들이 책 속에서 등장하자 모두 신났습니다. 이야기 나누는 시간, 아이들 스스로 질문하고 답했습니다. "왜 달밤에만 리프맨이 나타날까요? 리프맨이 없다면 할머니는 어떻게 되었을까요? 할머니는 인형을 언제 잃어버렸을까요?…" 이야기를 나누는 동안 아이들 눈빛이 반짝였습니다. 또 수업이 끝난 쉬는 시간, 스케치북이나 종합장을 든 대여섯 명이 교실 한가운데로 모여들었습니다. 리프맨과 쥐며느리 부대를 그리겠다는 것입니다. 아이들 마음에 쏙 들었나 봅니다. 자발적인 독후 활동으로 이어졌으니 말이지요.

아이들은 마음에 드는 책을 읽으면 이렇게 이야기하고 표현하고 싶은 욕구가 생깁니다. 아이들에게 오늘은 어떤 책을 읽었는지, 무엇이 재미있었는지 물어보세요. 엄마의 반응에 따라 아이들은 더 자세하게 이야기할 줄 알게 됩니다. 책 읽은 이야기를 아이와 함께 나누어 보세요.

1학년 독후 활동, 이 정도면 충분하다

초등 1학년의 독후 활동은 이 정도면 충분합니다.

첫째, 모든 책에 독후 활동이 필요하지 않습니다. 책을 읽고 벅찬 감정이 생길 때가 있습니다. 누군가에게 이 기분을 말하고 싶고, 새로 알게 된 것을 알려 주고 싶을 때도 있지요. 반대로 아무 말도 하지 않고 그저 간직하고 싶을 때도 있습니다. 초등 1학년에게는 독후 활동보다 천천히 꾸준히 읽는 경험이 더 중요합니다.

둘째, 먼저 엄마가 읽은 책 이야기를 들려주면 좋습니다. 책 읽고 말하는 방법을 배울 수 있습니다. 자연스럽게 읽은 책 이야기를 동등하게 주고받게 됩니다. 전체 줄거리를 말할 수도 있고, 인상 깊은 일부분만 말해도 됩니다. 아이는 책 내용을 엄마에게 이야기하고 싶어서 더 집중해서 읽을 것입니다. 이야기하는 것만으로도 충분한 독후 활동이 됩니다.

셋째, 이야기 나눌 때 질문하기를 해 보세요. 답을 말하기보다 '왜 그랬을까?'라는 질문을 던져 보면 이야기의 실마리가 잡힙니다. 세 가지 정도 질문하기를 약속하세요. 내용을 파악하는 질문이 아니라, 주인공은 왜 그런 행동을 했는지 궁금한 내용을 말하는 것입니다. 답은 아이가 해도 좋고, 엄마가 해도 좋습니다. 질문으로 그냥 남겨 두어도 괜찮습니다. 이 습관이 계속되면 토론 주제 찾기로 발전할 수 있습니다. 낮은 수준의 질문부터 더 깊이 생각할 여지가 있는 문제로 접근해 봅니다. 처음에는 엄마가 예시를 줄 수도 있지만, 나중에는 아이 스스로 궁금한 점을 생각하도록 기다려 주는 것도 필요합니다. 예를 들면,《지각대장 존》을 읽고 할 수 있는 질문입니다. "존은 넷째 날 아무 일도 일어나지 않고 학교에 올 때 어떤 생각이 들었을까요? 선생님이 구해 달라고 할 때 존은 왜 구해 주지 않았을까요? 선생님이 지각한 존에게 꼭 벌을 주어야 했을까요?"라는 식입니다.

넷째, 책 속에 나온 활동이나 체험을 함께하면 좋습니다. 예를 들면, 앤서니 브라운의 그림책《겁쟁이 빌리》를 읽고, 빌리가 만든 것처럼 걱정 인형을 만들어 보세요. 아이의 걱정이 사라지는 경험을 하게 될 것입니다. 책읽기가 더 즐거워지기도 하고, 상상을 현실로 바꾸는 즐거운 체험이 됩니다. 책 속에 나온 장소로 여행을 가거나, 놀이하는 것도 좋습니다. 책읽기를 다양한 경험으로 확장하는 도구로 활용하면 됩니다.

좋아하는 주제 찾아 읽기

책읽기를 좋아하게 만드는 가장 좋은 방법은 좋아하는 주제를 찾아서 읽는 것입니다. 좋아하는 주제의 책을 찾아보고 여러 권을 연결해서 읽으면 이해도 쉽고 더 깊이 있는 독서를 할 수 있습니다. 잘 모르지만, 호기심을 가진 주제를 찾아 읽는 것도 흥미진진합니다.

공룡, 꽃, 로봇, 강아지 같은 주제는 아이들이 좋아합니다. 책으로 지식을 확장하게 도와주세요. 예를 들면, 공룡에 푹 빠져 있던 석이라는 아이가 있었습니다. 도서관에 갈 때마다 공룡 책을 찾아왔습니다. 보통의 남학생들이 공룡을 좋아하는 것보다 애정이 남달랐습니다. 온통 공룡 책을 끼고 다니고, 공룡이 그려진 옷을 입고, 공룡 그림을 주로 그립니다. 석이가 자신의 장점을 잘 발휘할 수 있도록 격려하고, 발표할 기회도 여러 번 주었습니다. 아이들도 석이의 해박함을 인정했습니다. 어느 날부터 도서관 구석에서 석이와 함께 공룡 책을 찾아 읽는 아이들을 발견할 수 있었습니다. 주변에 좋은 영향을 미치는 친구로 자리 잡게 된 것입니다. 너무 한 가지에만 집중한다고 걱정하지 않아도 됩니다. 본인의 호기심을 어느 정도 채우면 이런 성향의 아이들은 또 다른 관심거리로 집중합니다. 그것도 책을 통해서 말이지요.

요즘은 인터넷으로 검색만 하면 책 찾기도 어렵지 않습니다. 얕은 지식을 많이 아는 것도 필요하지만, 한 분야를 깊이 아는 탐구 태도가 더욱 필요합니다. 아이의 관심사를 눈여겨보고 그 분야에 호기심이 있다면 적극 지원해 주세요. 관심 있는 분야가 있다는 것만으로도 훌륭한 독서가의 길이 시작된 것입니다.

도서관 수업을 할 때 미션을 주면 아이들은 주어진 범위 안에서 책을 찾아 활동하는 것이기 때문에 적극적으로 참여합니다. 그러다가 읽고 싶은 책을 찾아 읽으라고 하면 오히려 어려워하는 아이들이 있습니다. 자기가 좋아하는 주제나 관심사가 무엇인지 잘 모르기 때문이기도 합니다. 특히, 초등 1학년의 경우는 다양한 책읽기 경험이 부족해서 더 어려워할 수 있습니다. 읽었던 책을 자꾸 가져오는 경우는 새로운 경험이 부족한 것이니 도전을 유도할 필요가 있습니다. 선생님이나 부모님이 책을 읽어 주세요.

특별히 좋아하는 주제가 없다면, 아이가 재미있어한 책에서 가지를 뻗어 주면 됩니다. 시작은 바로 그 지점부터입니다. 교실에서는 이런 경험이

빈번하게 일어납니다. 매일 읽어 줄 책을 고르는데, 아이들 반응에 따라 관계 있는 책을 찾아 계속 연결해서 읽어 줍니다. 예를 들면, 나카야 미와 작가의 〈도토리 마을〉 시리즈로 시작해서 비슷한 스타일의 일본 작가 시리즈를 계속 읽었던 경우가 있습니다. 아이들과 같은 점과 다른 점을 세세하게 찾아보며 읽는 재미가 컸습니다. 〈까만 크레파스〉 시리즈, 〈누에콩〉 시리즈, 〈채소 학교 시리즈〉처럼 소박하고 건전한 그림책을 읽었습니다. 협동, 배려, 이해와 같은 따뜻한 덕목을 품은 귀여운 동화들입니다. 아이들은 선생님이 말하지 않았는데도, 도서관에서 이 시리즈 책을 계속 찾아왔습니다. 좋아하는 주제를 찾게 된 셈이지요.

몰랐던 내용을 알기 위해 주제에 집중한 책읽기를 할 수도 있습니다. 예를 들면, 그림책 《나일악어 크로커다일과 미시시피악어 앨리게이터》를 읽어 주었는데, 크로커다일과 앨리게이터에 대해 자세히 아는 아이들이 없었습니다. 그래서 도서관에서 찾아보면 좋겠다 했더니 몇 명이 쉬는 시간에 도서관에 다녀왔습니다. 아쉽게도 생각보다 학교 도서관에 악어에 대한 책이 많지 않았나 봅니다. 사서 선생님 도움을 받아 세 권 정도를 겨우 찾아냈습니다.

아이들은 악어에 관한 책을 읽으며 크로커다일과 앨리게이터의 차이도 확실하게 알았습니다. 입을 다물었을 때 이빨이 보이면 크로커다일이고, 보이지 않으면 앨리게이터라고 합니다. 1학년 아이들 눈높이에서 악어에 관해 탐구하고, 저마다의 배경지식과 인지 수준에 따라 그림일기에 알게 된 것들을 표현했습니다.

5교시를 마치고 하교 직전, 가방 정리를 하면서 여름 동요를 듣는데 〈악어 떼〉가 나오자 아이들이 갑자기 환호했습니다.

"선생님 오늘은 정말 악어의 날이에요!"

이렇게 하루를 악어 탐구로 보낸 적이 있습니다. 좋아하는 주제는 다양하게 확장하고 발전하면서 아이들 사고의 폭을 넓혀 줍니다.

좋아하는 작가 찾기

책을 읽어 줄 때 작가 소개를 자주 합니다. 작가에 관심을 두는 것은 새로운 시각으로 책을 대하게 합니다. 특히, 그림책은 그림체에 따라 작가를 구별하기 쉬워서 아이들이 작가를 잘 구별할 수 있게 됩니다. 그러면서 독자적인 취향도 생기게 됩니다. 저마다 좋아하는 스타일의 그림도 생기지요. 초등 1학년부터 작가를 한 명씩 알아가면 책읽기는 더욱 즐거워집니다.

일러스트가 재미있는 작가 중에 영국 작가 로렌 차일드가 있습니다. 우스꽝스러운 캐릭터 찰리와 롤라가 주로 주인공인데, 한눈에 알아볼 만큼 캐릭터가 분명합니다. 학교 도서관은 작가별로 책을 사기도 합니다. 하여 유명한 작가의 그림책은 거의 다 소장하고 있어 아이들이 작가별로 책을 찾기가 어렵지 않습니다.

로렌 차일드 작가의 〈찰리와 롤라〉 시리즈를 읽어 줄 때였습니다. 2주 동안 10권 정도 읽었는데, 그래도 읽을 책이 계속 나왔습니다. 아이들이 도서관에서 자발적으로 찾아온 것입니다. 그림은 유쾌하고, 글씨 배치는 특이합니다. 또르르 굴러간다든지 세로로 늘어진다든지 하면서 무척 불규칙합니다. 글의 양도 적지 않아서 읽기가 조금 어려울 수 있습니다. 그런데 아이들이 로렌 차일드의 책을 지속해서 보면서 작가의 문법에 익숙해졌습니다. 찰리와 롤라의 관계도 정확하게 파악해서 스토리도 쉽게 이해하였지요. 그러다 보니 읽기도 자연스럽게 발전하였습니다. 책을 읽기보다 붙잡고만 있던 아이들이 글씨를 읽는 계기가 된 책이기도 합니다. 책 속의 딸기 우유와 롤라의 핑곗거리 찾기에 재미도 붙였고, 마빈과 로타, 소찰퐁까지 주변 인물 캐릭터도 알게 되었습니다. 작가가 좋아지니 책을 자연스럽게 몰두해서 읽는 집중력이 생긴 것입니다.

그밖에 초등 1학년 아이들이 좋아하는 작가는 앞에서 예를 든 존 버닝햄, 앤서니 브라운을 비롯하여 윌리엄 스타이그, 케빈 헹크스, 데이비드 위즈너, 이억배, 권윤덕, 서현 등이 있습니다. 아이들이 좋아하는 작가를 정하고, 책을 찾아 읽는 경험을 해 보세요. 책 고르는 수준이 높아질 것입니다.

1학년이 좋아하는 작가의 책

책을 고른 기준
- 교실에서 아이들 반응이 좋았던 작가로 골랐습니다.
- 1학년 발달 단계에 맞는 책들로, 쉬운 책부터 조금 어려운 책 순서로 구성하였습니다.
- 최근 출간된 책보다는 많은 어린이의 사랑을 받아 온 스테디셀러에서 골랐습니다.
- 이미 읽은 책도 숨겨진 의미를 다시 찾아보는 재미가 있는 책들로 골랐습니다.

목록 활용하는 방법
- 1학년 교실에서 실제로 운영한 순서대로 월별 구성하였습니다.
- 반드시 순서를 맞추어 읽어야 하는 것은 아닙니다.

작가	읽기 좋은 시기	대표 작품	출판사
존 버닝햄	3월	지각대장 존	비룡소
		검피 아저씨의 뱃놀이	시공주니어
		야, 우리 기차에서 내려!	비룡소
		마법 침대	시공주니어
		구름 나라	비룡소
		장바구니	보림
		에드와르도 세상에서 가장 못된 아이	비룡소
		내 친구 커트니	비룡소
		알도	시공주니어
		대포알 심프	비룡소
		비밀 파티	시공주니어
		우리 할아버지	비룡소
		깃털 없는 기러기 보르카	비룡소

작가	읽기 좋은 시기	대표 작품	출판사
앤서니 브라운	4월	돼지책	웅진주니어
		우리 엄마	웅진주니어
		고릴라	비룡소
		터널	논장
		겁쟁이 빌리	비룡소
		우리는 친구	웅진주니어
		꿈꾸는 윌리	웅진주니어
		동물원	논장
		숲 속으로	베틀북
		달라질 거야	아이세움
		어떡하지?	웅진주니어
		고릴라 가족	웅진주니어
		나와 너	웅진주니어
		윌리와 휴	웅진주니어
		윌리와 구름 한 조각	웅진주니어
		숨바꼭질	웅진주니어
미야니시 타츠야	5월	고 녀석 맛있겠다	달리
		신기한 우산 가게	미래아이
		개구리의 낮잠	시공주니어
		찬성!	시공주니어
		울보 나무	한림출판사
서현	6월	눈물바다	사계절
		일수의 탄생	비룡소

작가	읽기 좋은 시기	대표 작품	출판사
서현	6월	간질간질	사계절
		커졌다!	사계절
		두근두근 1학년 새 친구 사귀기	사계절
		두근두근 1학년 선생님 사로잡기	사계절
데이비드 위즈너	7월	이상한 화요일	비룡소
		시간 상자	시공주니어
		구름 공항	시공주니어
		내가 잡았어!	시공주니어
		아기돼지 세 마리	마루벌
		1999년 6월 29일	미래아이
코키 폴	9월	마녀 위니	비룡소
		샌지와 빵집 주인	비룡소
		마녀 위니의 겨울	비룡소
		마녀 위니의 요술 지팡이	비룡소
		마녀 위니, 다시 날다	비룡소
		마녀 위니의 생일 파티	비룡소
		마녀 위니, 학교에 가다!	비룡소
		마녀 위니와 이빨 요정	비룡소
		마녀 위니가 줄었어요!	비룡소
윌리엄 스타이그	10월	치과 의사 드소토 선생님	비룡소
		당나귀 실베스타와 요술 조약돌	다산기획
		부루퉁한 스핑키	비룡소
		슈렉	비룡소
		멋진 뼈다귀	비룡소
		엉망진창 섬	비룡소

작가	읽기 좋은 시기	대표 작품	출판사
윌리엄 스타이그	10월	용감한 아이린	비룡소
		녹슨 못이 된 솔로몬	비룡소
		장난감 형	비룡소
		자바자바 정글	웅진주니어
		내 사랑 홀쭉양	비룡소
로렌 차일드	11월	난 토마토 절대 안 먹어	국민서관
		난 학교 가기 싫어	국민서관
		있잖아, 그건 내 책이야	국민서관
		쉿! 책 속 늑대를 조심해!	국민서관
		동생이 미운 걸 어떡해!	국민서관
		그림 읽는 꼬마 탐정 단이	국민서관
		진짜야, 내가 안 그랬어	국민서관
		나도 같이 놀고 싶단 말이야	국민서관
		난 뭐든지 혼자 할 수 있어	국민서관
		사자가 좋아	국민서관
케빈 헹크스	12월	우리 선생님이 최고야!	비룡소
		조금만 기다려 봐	비룡소
		내 사랑 뿌뿌	비룡소
		달을 먹은 아기 고양이	비룡소
		세상에서 가장 큰 아이	비룡소
		난 내 이름이 참 좋아!	비룡소
		릴리의 멋진 날	비룡소
		웬델과 주말을 보낸다고요?	비룡소
		용감무쌍한 사라	비룡소
		체스터는 뭐든지 자기 멋대로야	비룡소

서로 책 읽어 주기 프로젝트

매일 15분 책읽기, 잠자기 전 15분 책읽기가 어느 정도 자리 잡으면, 7월에는 서로 책 읽어 주기프로젝트를 진행합니다. 혼자 읽기를 아직 어려워하는 아이들을 위한 방법입니다. 책을 한 권 정해서 엄마, 언니, 친구, 아빠, 할머니 등 누구든지 한 명과 한 달 동안 매일 15분 책읽기를 하는 것입니다. 단, 서로 번갈아 읽는 방식이지요. 한 구절씩 교대로 읽어도 좋고, 한쪽씩 교대로 읽어도 좋습니다. 같이 읽는 책이므로 서사가 분명하고 긴 이야기일수록 좋습니다. 많이 읽기보다는 꾸준히 이어가며 읽는 것이 의미 있기 때문입니다. 이 프로젝트를 하고 나면 같이 읽는 대상과의 관계가 좋아지고, 책읽기의 재미도 자리 잡게 됩니다.

서로 책 읽어 주기 프로젝트 진행 방법

1. 누구와 함께 읽을지 정하세요. 집에서 가족과 함께해도 좋고, 학교에서 친구와 해도 좋습니다.
2. 어떤 책을 읽을지 서로 의논해서 정하세요.
3. 언제 읽을지 시간도 의논하세요.
4. 모두 정해졌다면, 매일 2쪽씩 서로 번갈아 가면서 읽어 주세요. 재미있으면 더 읽어도 좋습니다.
5. 한 권을 다 읽으면 프로젝트 학습지에 기록하세요.
6. 서로 읽어 줄 때마다 반가운 마음으로 시작하면 더욱더 즐겁습니다.
7. 천천히 읽으면서 이야기도 나누면 책 내용을 더 잘 이해할 수 있습니다.

서로 책 읽어 주기 프로젝트

1학년   반 이름(   )

누구와 함께 읽기로 했나요?	
어떤 책을 읽기로 했나요?	
언제 읽기로 했나요?	

번호	서로 읽어 주기 책 제목 (출판사/지은이)	읽기 시작한 날짜	다 읽은 날짜
1			
2			
3			
4			
5			
서로 책 읽어 주기를 마치고 느낀 점			

두꺼운 책읽기 프로젝트

두꺼운 책읽기는 우리 반에서 1학년 2학기 11월쯤에 하는 프로젝트입니다. 9월, 10월에는 매일 저녁 15분 책읽기를 하면서 습관을 되찾는 시간을 가집니다. 11월이 되면 그동안 해온 책읽기가 자리를 잡고 숙달되는 시기입니다. 그림책 중에서도 글씨가 많은 책, 책의 판형이 이야기책처럼 작아진 책으로 그림책에서 챕터북으로 옮겨가는 단계라고 볼 수 있습니다.

두꺼운 책읽기는 읽기 능력 향상을 위해서 조금 더 어려운 과제에 도전하는 것입니다. 지금까지 읽었던 책보다 페이지 수가 더 많은, 이왕이면 50쪽 정도가 되는 책을 같이 찾아보고 선정합니다. 매일 얼마나 읽었는지세어서 기록합니다. 보통 한 달에 10권 정도는 읽을 수 있습니다.

매일 읽은 양을 기록하면서 아이들은 끈기와 목표 의식, 읽기의 재미, 집중력, 뚝심을 기를 수 있습니다. 스스로 좀 더 나은 목표를 가지고 이루어 가는 뿌듯한 성취감도 얻을 수 있습니다. 2학년에 올라가기 전에 이런 경험은 독서 능력을 크게 향상합니다. 1학년에서 2학년으로 올라갈 때 계속 그림책에 머무는 아이들도 많습니다. 책읽기 습관과 독서 능력이 뒷받침되지 않았기 때문입니다.

받아쓰기를 잘하고, 글씨를 잘 알더라도 읽지 않으면 어휘량과 글쓰기 능력이 제자리에 머물 수밖에 없습니다. 그런 의미에서 1학년 말쯤이 되면 두꺼운 책읽기 프로젝트에 도전할 것을 권합니다.

1학년이 읽으면 좋은 두꺼운 책

두꺼운 책을 고른 기준
- 문학, 역사, 인물, 과학 등 다양한 분야에서 골랐으나, 읽기의 재미를 위해 문학 분야에서 많이 골랐습니다.
- 학년 발달 단계에 맞는 내용으로 구성하였습니다.
- 최근 출간된 책보다는 많은 어린이의 사랑을 받아 온 스테디셀러에서 골랐습니다.

목록 활용하는 방법
- 처음부터 두꺼운 책을 고르기보다 관심 분야의 얇은 책을 먼저 읽어 봅니다.
- 나의 독서 수준에 맞추어 책을 골라 읽어야 합니다.

번호	책 제목	저자	출판사	쪽수
1	소금이 온다	도토리	보리	31쪽
2	나는 나의 주인	채인선	토토북	32쪽
3	칠판 앞에 나가기 싫어	다니엘 포세트	비룡소	32쪽
4	넌 아주 특별해	크리스틴 애덤스	비룡소	36쪽
5	두근두근 1학년 새 친구 사귀기	송언	사계절	40쪽
6	우리 집 베란다에 방울토마토가 자라요	박희란	살림어린이	48쪽
7	할아버지와 숨바꼭질	롭루이스	보림	48쪽
8	코끼리 똥으로 종이를 만든 나라는?	마르티나 바트슈투버	시공주니어	52쪽
9	스티커별	오카다 준	보림	52쪽
10	까만 아기 양	엘리자베스 쇼	푸른 그림책	56쪽

11	만복이네 떡집	김리리	비룡소	56쪽
12	게으른 고양이의 결심	프란체스카 비어만	주니어김영사	64쪽
13	외딴집 외딴 다락방에서	필리파 피어스	논장	64쪽
14	공룡 도시락	재클린 윌슨	시공주니어	68쪽
15	구름 박사님~ 날씨 일기 쓰세요?	줄리 해너 외	봄나무	72쪽
16	냄비와 국자 전쟁	미하엘 엔데	소년한길	88쪽
17	기차 할머니	파울 마르	책내음	96쪽
18	난 황금알을 낳을 거야	한나 요한센	문학동네	100쪽
19	엄마 사용법	김성진	창비	108쪽
20	소원이 이루어지는 길모퉁이	오카다 준	시공주니어	120쪽
21	우리는 한편이야	정영애	푸른책들	128쪽
22	멋진 여우씨	로알드 달	논장	128쪽
23	책 읽는 도깨비	이상배	좋은꿈	128쪽
24	멀쩡한 이유정	유은실	푸른숲주니어	148쪽
25	에밀은 사고뭉치	아스트리드 린드그렌	논장	152쪽
26	아홉 살 느낌 사전	박성우	창비	168쪽
27	학교에 간 사자	필리파 피어스	논장	176쪽
28	이웃집 공룡 볼리바르	손 루빈	쇼콜라	224쪽
29	클라리스 빈의 영어 시험 탈출 작전	로렌 차일드	국민서관	232쪽
30	서정오의 우리 옛이야기 백가지 1	서정오	현암사	530쪽

두꺼운 책읽기 프로젝트 -50쪽 이상

1학년   반 이름(   )

- 매일 아침 책읽기 시간과 집에서 시간 날 때마다 읽어요.
- 한 권을 시작하면 끝까지 읽어요.
- 읽은 쪽에 책갈피를 끼워 놓았다가 이어서 읽어요.
- 매일 읽은 쪽수를 적어 보세요.

요일							
책 제목	1	2	3	4	5	6	7
쪽수	쪽	쪽	쪽	쪽	쪽	쪽	쪽
책 제목	8	9	10	11	12	13	14
쪽수	쪽	쪽	쪽	쪽	쪽	쪽	쪽
책 제목	15	16	17	18	19	20	21
쪽수	쪽	쪽	쪽	쪽	쪽	쪽	쪽
책 제목	22	23	24	25	26	27	28
쪽수	쪽	쪽	쪽	쪽	쪽	쪽	쪽
책 제목	29	30					
쪽수	쪽	쪽					

자랑스러운 나는 이번 달에 두꺼운 책을 모두 (   )권 읽었답니다! 12월 1일에 제출합니다.

부모님 말씀	

1학년이 읽으면 좋은 책

남학생이 좋아하는 책

번호	책 제목	작가	출판사
1	나일악어 크로커다일과 미시시피악어 앨리게이터	델핀 페레	지양어린이
2	리프맨	윌리엄 조이스	비룡소
3	괴물이 태어나면	션 테일러	웅진주니어
4	잭과 호랑이 릴리	다이앤 구드	웅진주니어
5	무지개 물고기와 흰수염고래	마르쿠스 피스터	시공주니어
6	토끼가 커졌어	정성훈	한솔수북
7	100만 번 산 고양이	사노 요코	비룡소
8	백만마리 고양이	완다 가그	시공주니어
9	크리스마스트리	미셸 게	시공주니어
10	곰	레이먼드 브릭스	비룡소
11	책 먹는 여우	프란치스카 비어만	주니어김영사
12	너는 특별하단다	맥스 루케이도	고슴도치
13	슈퍼 토끼	헬메 하이네	시공주니어
14	이게 정말 나일까?	요시타케 신스케	주니어김영사
15	집 안 치우기	고대영	길벗어린이
16	심심해 심심해	요시타케 신스케	주니어 김영사
17	느끼는 대로	피터 레이놀즈	문학동네
18	폭풍우 치는 밤에	기무라 유이치	아이세움
19	뒷집 준범이	이혜란	보림
20	멋진 여우 씨	로알드 달	논장

여학생이 좋아하는 책

번호	책 제목	작가	출판사
1	린할머니의 복숭아나무	탕무니우	보림
2	도토리 마을의 빵집	나카야 미와	웅진주니어
3	102 생쥐 가족 이야기	하세가와 카코	예림아이
4	은지와 푹신이	하야시 아키코	한림출판사
5	순이와 어린동생	쓰쓰이 요리코	한림출판사
6	분홍모자	앤드루 조이너	이마주
7	춤을 출 거예요	강경수	그림책공작소
8	엘시와 카나리아	제인 욜런	시공주니어
9	리디아의 정원	사라 스튜어트	시공주니어
10	머리에 뿔이 났어요	데이비드 스몰	소년한길
11	엄마의 의자	베라 윌리엄스	시공주니어
12	멋대로 맘대로 윌로	데니즈 브레넌 넬슨	찰리북
13	존경합니다, 선생님	페트리샤 폴라코	아이세움
14	비밀 친구가 생겼어	수전 메도	비룡소
15	세상에서 가장 아름다운 달걀	헬메 하이네	시공주니어
16	원숭이는 원숭이	이토우 히로시	비룡소
17	공룡 도시락	재클린 윌슨	시공주니어
18	달 샤베트	백희나	책읽는곰
19	고양이는 나만 따라해	권윤덕	창비
20	딸은 좋다	채인선	한울림어린이

1학년의 주제별 책

주제	책 제목	작가	출판사
옛이야기	사랑하는 밀리	그림 형제	비룡소
	무서운 호랑이들의 가슴 찡한 이야기	이미애	미래아이
	장승 이야기	김근희	보리
	재주 많은 다섯 친구	양재홍	보림
	줄줄이 꿴 호랑이	권문희	사계절
	반쪽이	이미애	보림
	뒤집힌 호랑이	김용철	보리
과학	물의 여행	엘레오노레 슈미트	비룡소
	물의 여행	크리스텔 위에 고메즈	다산기획
	구름 박사님~ 날씨 일기 쓰세요?	줄리 해너 외	봄나무
	국기 따라 세계 여행	와라베 키미카	베틀북
	중력은 모든 것을 끌어당겨요	김동광	아이세움
	꿈틀꿈틀 땅속으로 지구 탐험	샤를로트 길랑	키다리
	고기를 먹지 않는다면	세라 엘턴	키다리
수학	숫자가 무서워!	조은수	만만한책방
	돼지 삼총사 아슬아슬 수학 소풍	로베르트 그리스벡	다림
	도형 마법사의 놀이공원	한태희	한림출판사
	세상을 움직인 동그라미	최연숙	창비
	자꾸자꾸 초인종이 울리네	팻 허친즈	보물창고
	왜왜왜 재미있는 숫자의 세계	앙겔라 바인홀트	크레용하우스
	우리 시계탑이 엉터리라고?	박정선	시공주니어

주제	책 제목	작가	출판사
환경	숲 속 산책	토마스 뮐러	은나팔
	너는 어떤 씨앗이니?	최숙희	책읽는곰
	나무하고 친구하기	퍼트리셔 로버	비룡소
	누가 숲을 사라지게 했을까?	임선아	와이즈만북스
	무당벌레가 들려주는 텃밭 이야기	노정임	철수와영희
	봄·분류와 비율	리잔 리플랫	걸음동무
	벌꿀 이야기	후지와라 유미코	한림출판사
우정	개구리와 두꺼비는 친구	아놀드 로벨	비룡소
	세 친구	헬메 하이네	시공주니어
	친구 사귀기	김영진	길벗어린이
	친구를 모두 잃어버리는 방법	낸시 칼슨	보물창고
	누에콩과 콩알 친구들	나카야 미와	웅진주니어
	친구랑 싸웠어!	시바타 아이코	시공주니어
	내 남자 친구야	베아트리스 루에	비룡소
도서관	도서관에서 처음 책을 빌렸어요	알렉산더 스테들러	보물창고
	도서관에 간 사자	미셸 누드슨	웅진주니어
	도서관에 개구리를 데려갔어요	에릭 킴멜	보물창고
	도서관이 키운 아이	칼라 모리스	그린북
	도서관	사라 스튜어트	시공주니어
	도서관 아이	채인선	한울림어린이

1학년의 국어 교과 관련 책

번호	책 제목	작가	출판사	관련 단원
1	라면 맛있게 먹는 법	권오삼	문학동네	1학년 1학기 2단원
2	숨바꼭질 ㄱㄴㄷ	김재영	현북스	1학년 1학기 2단원
3	표정으로 배우는 ㄱㄴㄷ	솔트앤페퍼	소금과후추	1학년 1학기 2단원
4	동물친구 ㄱㄴㄷ	김경미	웅진주니어	1학년 1학기 2단원
5	생각하는 ㄱㄴㄷ	이보나 흐미엘레프스카	논장	1학년 1학기 2단원
6	손으로 몸으로 ㄱㄴㄷ	전금하	문학동네	1학년 1학기 2단원
7	말놀이 동시집	최승호	비룡소	1학년 1학기 3단원
8	어머니 무명 치마	김종상	창비	1학년 1학기 4단원
9	이가 아파서 치과에 가요	한규호	받침없는동화	1학년 1학기 4단원
10	인사할까, 말까?	허은미	웅진다책	1학년 1학기 5단원
11	구름 놀이	한태희	아이세움	1학년 1학기 6단원
12	동동 아기 오리	권태응	다섯수레	1학년 1학기 6단원
13	글자동물원	이안	문학동네	1학년 1학기 6단원
14	아가 입은 앵두	서정숙	보물창고	1학년 1학기 7단원
15	강아지 복실이	한미호	국민서관	1학년 1학기 8단원
16	꿀 독에 빠진 여우	안선모	보물창고	1학년 1학기 8단원
17	책이 꼼지락 꼼지락	김성범	미래아이	1학년 2학기 1단원
18	까르르 깔깔	이상교	미세기	1학년 2학기 1단원
19	발가락	이보나 흐미엘레프스카	논장	1학년 2학기 1단원

번호	책 제목	작가	출판사	관련 단원
20	나는 책이 좋아요	앤서니 브라운	책그릇	1학년 2학기 1단원
21	자전거 타고 로켓 타고	카트린 르블랑	키즈엠	
22	인어공주	안데르센	넥서스주니어	
23	그림자 극장	송경옥	북스토리아이	
24	찰방찰방 아가손 목욕책	애플비	애플비	
25	나무늘보가 사는 숲에서	루이리고 외	보림	
26	숲 속의 모자	유우정	아이세움	
27	꼬리 이모 나랑 놀자	박효미	아이세움	
28	구슬비	권오순	문학동네	1학년 2학기 2단원
29	가을 운동회	임광희	사계절	1학년 2학기 3단원
30	딴 생각하지 말고 귀 기울여들어요	서보현	상상스쿨	1학년 2학기 4단원
31	콩 한 알과 송아지	한해숙	애플트리태일즈	
32	몰라쟁이 엄마	이태준	우리교육	1학년 2학기 5단원
33	몽몽 숲의 박쥐 두 마리	이혜옥	한국차일드	1학년 2학기 6단원
34	도토리 삼형제의 안녕하세요	이현주	길벗어린이	1학년 2학기 7단원
35	소금을 만드는 맷돌	홍윤희	예림아이	
36	솔이의 추석 이야기	이억배	길벗어린이	1학년 2학기 8단원
37	나는 자라요	김희경	창비	
38	내가 좋아하는 곡식	이성실	호박꽃	
39	별을 삼킨 괴물	민트래빗 플래닝	민트래빗	
40	숲 속 재봉사	최향랑	창비	1학년 2학기 10단원

1학년의 통합 교과 관련 책

통합 교과	책 제목	작가	출판사	관련 단원
학교에 가면	난 학교가 좋아!	알랭 시세	파랑새어린이	1학년 1학기
	처음 학교가는 날	제인 고드윈	파랑새어린이	
	학교 처음 가는 날	김하루	국민서관	
	학교에서 사귄 첫 친구예요!	김하늬	밝은미래	
	얘들아, 학교 가자	강승숙	사계절	
	학교에서 똥이 마려우면?	무라카미 야치요	노란우산	
	발견! 우리학교 이곳저곳	이시즈 치히로	토토북	
도란도란 봄동산	나의 봄 여름 가을 겨울	린리쥔	베틀북	1학년 1학기
	봄이 오면	한자영	사계절	
	봄은 어디쯤 오고 있을까	어린이통합교과연구회	상상의집	
	꽃장수	이태준	키즈엠	
	아주 작은 씨앗이 자라서	황보연	웅진주니어	
	우리 순이 어디가니	윤구병	보리	
	고향의 봄	이원수	파랑새어린이	
	씨앗은 무엇이 되고 싶을까?	김순한	길벗어린이	
	봄 숲 봄바람 소리	우종영	파란자전거	
	상추씨	조혜란	사계절	
	아낌없이 주는 나무	셸 실버스타인	시공주니어	
우리는 가족입니다	가족의 가족을 뭐라고 부르지?	채인선	미세기	1학년 1학기
	가족은 꼬옥 안아주는 거야	박윤경	웅진주니어	
	가족 나무 만들기	로렌 리디	미래아이	
	나와 우리 가족	로랑스 질로	월드아이즈	
	닮은꼴 우리 가족	전선영	어썸키즈	

통합 교과	책 제목	작가	출판사	관련 단원
우리는 가족입니다	붕어빵 가족	김동광	아이세움	1학년 1학기
	근사한 우리가족	로랑 모로	로그프레스	
	가족의 가족	어린이통합교과연구회	상상의집	
	백만 년 동안 절대 말 안 해	허은미	웅진주니어	
	고릴라 할머니	윤진현	웅진주니어	
	우리 아빠가 최고야	앤서니 브라운	킨더랜드	
여름 나라	스티나의 여름	레나 안데르손	청어람아이	1학년 1학기
	노란 우산	류재수	보림	
	정우의 여름	이월	키즈엠	
	심심해서 그랬어	윤구병	보리	
	수박 수영장	안녕달	창비	
	더워야, 썩 물렀거라!	신동경	웅진주니어	
	여름휴가	장영복	국민서관	
	여름 이야기	질 바클렘	마루벌	
	냉장고의 여름방학	무라카미 시이코	북뱅크	
	여름이 왔어요	윤구병	휴먼어린이	
내 이웃 이야기	이슬이의 첫 심부름	쓰쓰이 요리코	한림출판사	1학년 2학기
	뒷집 준범이	이혜란	보림	
	이웃사촌	클로드 부종	물구나무	
	이웃의 이웃에는 누가 살지?	채인선	미세기	
	꼬마 이웃, 미루	이향안	은나팔	
	아멜리아 할머니의 정원	릴리아나 스태포드	국민서관	
	나는 아무나 따라가지 않아요!	다그마 가이슬러	풀빛	
	내가 라면을 먹을 때	하세가와 요시후미	고래이야기	
	핀두스가 이사를 간대요	스벤 누르드크비스트	풀빛	
	우리 이웃 이야기	필리파 피어스	논장	
	이웃집 통구	강정연	해와나무	

통합 교과	책 제목	작가	출판사	관련 단원
내 이웃 이야기	100층짜리 집	이와이 도시오	북뱅크	1학년 2학기
	아하! 그땐 이렇게 살았군요	이혁	주니어김영사	
현규의 추석	솔이의 추석 이야기	이억배	길벗어린이	1학년 2학기
	분홍 토끼의 추석	김미혜	비룡소	
	달이네 추석맞이	선자은	푸른숲주니어	
	가을 숲 도토리 소리	우종영	파란자전거	
	할머니, 어디 가요? 밤 주우러 간다	조혜란	보리	
	울긋불긋 가을 밥상을 차려요	김영혜	시공주니어	
	가을	소피 쿠샤리에	푸른숲주니어	
여기는 우리나라	햇빛과 바람이 정겨운 집, 우리 한옥	김경화	문학동네	1학년 2학기
	오방색이 뭐예요?	임어진	토토북	
	신통방통 한복	박현숙	좋은책어린이	
	안녕, 태극기!	박윤규	푸른숲주니어	
	날아라, 대한민국!	서경덕	토토북	
	우리가 사는 한옥	이상현	시공주니어	
	설빔	배현주	사계절	
	돌잔치	김명희	보림	
	뚜벅뚜벅 우리 신	최재숙	보림	
	숨쉬는 항아리	정병락	보림	
우리의 겨울	눈사람 아저씨	레이먼드 브릭스	마루벌	1학년 2학기
	야호! 겨울이다	레인 판 뒤르머	키즈엠	
	겨울이 왔어요!	찰스 기냐	키즈엠	
	수잔네의 겨울	로트라우트 수잔네 베르너	보림	
	겨울	소피 쿠샤리에	푸른숲주니어	
	겨울은 재밌다!	제르마노 쥘로	키즈엠	
	쿠키 한 입의 인생 수업	에이미 크루즈 로젠탈	책읽는곰	

8~9세를 위한 추천 도서

어린이도서연구회 2019

분류	책 제목	작가	출판사
그림책	같은 달 아래	지미 리아오	레드스톤
그림책	나의 여름	신혜원	보림
그림책	눈세계	앙투안 기요페	보림
그림책	단어 수집가	피터 레이놀즈	문학동네
그림책	세상에서 가장 용감한 소녀	매튜 코델	비룡소
그림책	소쉬르, 몽블랑에 오르다	피에르 장지위스	책빛
그림책	수영장에 간 아빠	유진	한림출판사
그림책	어느 날 아침	로버트 맥클로스키	논장
그림책	엄마와 나	레나타 갈린도	불의여우
그림책	여섯 번째 바이올린	치에리 우에가키	청어람아이
그림책	웅덩이를 건너는 가장 멋진 방법	수산나 이세른	트리앤북
그림책	추억을 담은 지도	프란 누뇨	씨드북
그림책	카틴카의 조금 특별한 꼬리	주디스 커	웅진주니어
그림책	큰 고양이, 작은 고양이	엘리샤 쿠퍼	시공주니어
우리동화	도둑왕, 김학구를 잡아라!	이승민	풀빛
우리동화	민율이와 특별한 친구들	장주식	열린어린이
우리동화	이상한 아이 옆에 또 이상한 아이	송미경	위즈덤하우스
우리동화	조막만 한 조막이	이현	휴먼어린이
사회	내 이름은 난민이 아니야	케이트 밀너	보물창고
사회	평등한 나라	요안나 올레흐	풀빛
자연의세계	북극곰	제니 데스몬드	고래뱃속
자연의세계	알아맞혀 봐! 곤충 가면 놀이	안은영	천개의바람
예술	나의 첫 오케스트라	사도 유타카	북뱅크

학원 선택, 기준을 세워라

부모님들의 고민 중 가장 큰 것은 학원인 듯합니다. 요즘 좋다는 평가를 받는 학원들도 너무 많고, 분야가 세세하게 나누어져서 수강해야 할 것 같은 학원이 많습니다. 문제는 정보가 너무 많아서 결정에 어려움이 있다는 것이지요. 하루 24시간이 정해져 있고, 아이가 해낼 수 있는 능력도 정해져 있습니다. 초등 1학년에서는 엄마가 원칙을 세우는 것이 중요합니다.

희망, 소질, 능력에 따라 정하기
학원을 고를 때는 하루에는 몇 군데, 일주일에는 몇 군데, 방학에는 어떻게 보낼까 하는 원칙을 정한 후 아이의 희망, 소질, 능력에 따라 선택해야 합니다. 아이가 잘하는 것을 더 잘하게 할지, 못하는 것을 보충하기 위해 보내는 것인지도 명확하게 판단해야 합니다. 이왕이면 아이의 재능을 키우는 쪽이 더욱 바람직하겠지요. 단, 학원은 꼭 가야 하는 것은 아닙니다. 가지 않고도 다양한 체험과 놀이, 책읽기와 기본 학습을 통해 소양을 키울 수도 있습니다.

스케줄 고려하여 정하기
무엇보다 우리 아이의 스케줄이 무리는 아닌지, 충분히 해낼 만큼인지, 하루 중 여유 시간이 얼마나 있는지 고려해야 합니다. 적어도 저녁 시간에는 가족이 모여 앉아 식사하면서 하루를 이야기할 수 있는 여유는 있어야 합니다. 특히, 1학기에는 아이의 학교생활 적응 정도를 살피면서 스케줄을 정해서 안정적인 분위기에서 가벼운 마음으로 방과 후 시간을 보낼 수 있도록 해야 합니다.

1학년 아이들이 좋아하는 학원
같이 다니는 구성원도 중요한 변수입니다. 마음에 맞는 친구들과 다닌다면 더욱 효과적일 수 있습니다. 거리도 가까운 곳이어야 하며, 이동에 안전이 확보되어 있는지도 확인해야 합니다. 대부분의 아이는 다양한 놀이 수업을 겸하는 태권도 학원을 많이 다니고 있으며, 그 밖에 피아노, 미술, 영어, 축구 학원이 실제로 1학년 아이들에게 높은 선호도를 보입니다.

수행 평가 내공 기르기

초등학교의 평가 체제는 이제 학생의 성장을 돕는 성장 중심 평가로 바뀌었습니다. 학습 과정과 결과에 대한 피드백을 통해 학생의 성장과 발달을 돕는 평가입니다. 수업 현장에서 학생의 배움과 교사의 가르침을 지속해서 성찰하고 개선해서 모두의 성장을 지원하는 평가입니다. 기존의 중간고사, 기말고사 같은 총괄 평가를 하지 않고, 교사별로 수업과 연계한 상시 평가를 합니다. 기존의 서열화를 위한 평가가 아니라, 얼마나 발달하고 성장했느냐를 판단합니다. 단순한 지식을 평가하지 않고 고등 정신을 서답형, 수행 평가로 하는 것이지요.

수행 평가란 무엇인가
수행 평가란 학생이 자신의 지식 및 기능에 대한 습득 여부를 나타내기 위해 산출물을 만들어 내거나 실제 수행을 통해 보여 주는 방식의 평가입니다. 교사가 학생의 과제 수행 과정을 직접 관찰하여 판단합니다. 논술, 구술, 토의 토론, 프로젝트, 실험, 실습, 포트폴리오, 자기 평가, 동료 평가를 모두 포함합니다.

어떻게 준비해야 할까
가정에서는 어떻게 준비해야 할까요? 아이가 수업 시간에 적극적으로 참여하는 것이 가장 중요합니다. 평소 독서와 다양한 체험을 통해 기본적인 학습 습득 능력을 키우고, 친구들과 배려하며 잘 협동하는 태도를 기르는 것이 필요합니다. 평가 결과는 학기 말에 교과별로 수행 정도를 통지합니다. 수업 시간에 어느 정도 과제를 수행하고 있는지를 3단계, 또는 5단계로 평가하여 통지합니다. 다만, 이 결과는 절대적인 것은 아니며, 수업 시간에 얼마나 잘 참여했는지에 따라 달라지기 때문에 평가 결과에 큰 부담을 갖지 않아도 됩니다.

BONUS 9

학교 도서관 활용하기

도서관 가는 습관 들이기
학교 도서관은 크게 두 가지 역할을 합니다. 첫째는 매일 도서관에 들르는 습관을 길러 주고, 둘째는 마음에 맞는 책을 고르는 연습장이기도 합니다. 도서관에는 정말 많은 책이 있습니다. 아이들은 마치 드넓은 정보의 바다에서 아주 작은 조각배 한 척을 찾는 것처럼 책 고르기가 어려울 수 있습니다. 우리 반에서는 매일 아침 도서관에 가서 책 한 권 빌려 오기를 합니다. 매일 한 권을 빌려서 이렇게 저렇게 보고, 다음 날 아침 다시 반납하고 다시 대출합니다. 이런 과정을 1년 지속하면 아이들에게 도서관 가는 일은 밥 먹는 것처럼 자연스러운 습관이 됩니다.

아이가 읽는 책 관심 두기
집으로 가져가서 읽고 오면 좋겠지만, 가방도 무겁고 집에 가져갔다가 놓고 오는 일도 있게 되므로 아예 학교에서만 보도록 하고 있습니다. 아마도 전국의 많은 초등 1학년이라면 비슷할 것입니다. 따라서 학교 도서관에서 어떤 책을 읽고 있는지 물어보고 이야기를 나누면 아이들이 더욱 관심을 두고 책을 읽을 것입니다. 주말에는 동네 가까운 도서관에서 책을 여러 권 대출해서 일주일 동안 집에서 읽는 것도 좋습니다.

책 고르는 법 지켜보기
아이들이 이런저런 책을 고르다 실패하거나 부모님 마음에 들지 않는 책을 빌리더라도 믿고 기다려 주세요. 아이들은 실패하면서 더 자기와 맞는 책을 찾아가는 방법을 익힐 것입니다. 요즘은 학교마다 부모님들을 위한 도서도 비치하고 있으니, 부모님도 학교 도서관을 자주 방문하여 아이와 같이 책을 고르고 읽는 좋은 경험을 해 보세요.

도서관에서 빌린 책 기록하기

- 도서관에서 빌린 책을 목록으로 기록해 보세요.
- 책 고르는 연습은 물론 꾸준히 읽는 습관을 지니는 데 도움이 됩니다.
- 아이는 성취감을 느낄 것입니다.
- 아이와 책 이야기를 나누는 데 기초 자료가 되어 줍니다.

읽은 날	책 제목	작가	한 줄 서평

에필로그

슬기로운 초등 생활을 응원합니다

초등학교 1학년을 시작할 때는 아직 아기 같은 우리 아이가 어떻게 적응할지 무척 걱정됩니다. 그런데 생각보다 아이들은 씩씩하고 제 몫을 잘 해냅니다. 그렇게 되기까지 부모님의 역할이 중요합니다. 무엇보다 따뜻한 보살핌과 믿어 주고 기다려 주는 신뢰가 필요합니다.

처음 해 보는 초등학교 1학년의 학부모 역할은 혼란스러울 수 있습니다. 학교에서 보내는 안내장이나 준비물이 낯설어서, 또는 어떤 학원을 보내야 할까 하는 걱정 때문에 혼란스러운 것은 아닙니다. 아이에게 어떤 부모가 될지 아직 마음을 정하지 못했기 때문일 수 있습니다. 부모라고 처음부터 무엇이든 잘할 수 있는 것은 아닙니다. 아이의 성장을 지켜보며 함께 시행착오를 거치고 배워 가는 과정을 거쳐야 합니다.

완벽하게 잘하려는 마음보다 함께 헤쳐나가려는 적극적이고 뚝심 있는 마음으로 부모 역할을 하면 됩니다. 정보는 모르면 찾아보거나 물어보면 얼마든지 얻을 수 있는 세상입니다. 중요한 것은 부모로서의 가치관과 소신입니다. 이제 초등 1학년 부모로서 첫발을 내디딘 모든 부모님께 힘찬 박수를 보냅니다.

마지막으로 다음의 몇 가지 조언을 유념하며, 스스로 성장하는 초등 1학년 우리 아이를 지켜봐 주세요.

- 아이를 끊임없이 격려해 주세요.
- 아이와 낯선 경험을 함께하세요.
- 아이에게 놀이 시간과 공간을 주세요.
- 형제 서열상의 특성을 이해하고 존중해 주세요.
- 매일 15분 함께 책을 읽고 이야기해 보세요.
- 아이와 지킬 수 있는 규칙을 정해서 꼭 실천하세요.
- 아이와 같이 밥을 먹고 이야기를 나누어 보세요.

참고 도서

공부머리 최고의 육아법, 하세가와 와카, 오리진하우스, 2019
나는 1학년 담임입니다: 엄마는 모르는 초등 1학년의 학교생활, 송주현, 낮은산, 2016
내 아이는 초등학교 1학년: 교과서를 알면 아이 공부가 보인다, 이현, 지학사, 2014
못 참는 아이 욱하는 부모, 오은영, 코리아닷컴, 2017
생각하는 수업, 하브루타: 아이를 강하고 특별하게 키우는 유대인 생각법, 지성희, 위닝북스, 2019
아들러의 감정 수업, 게리 D 멕케이, 시목, 2017
아들이 초등학교에 갑니다: 아들의 초등1학년, 기대보다걱정이앞서는엄마들에게, 이진혁, 예담, 2018
아이는 어떻게 성공하는가, 폴터프, 베가북스, 2013
아이 주도 그림책 하브루타, 채명희, 경향BP, 2019
아이와 함께 철학하기, 프레데릭 르누아르, 김영사, 2019
아이의 마음을 읽는 단어, 새벽달, 청림life, 2019
우리 아이 초등 생활, 유진영, 초록비공방, 2017
엄마가 놓쳐서는 안 될 결정적 시기, 이임숙, 더난, 2015
엄마 수업, 설수현, 애플북스, 2015
엄마 심리 수업, 윤우상, 심플라이프, 2019
엄마 주도 학습, 이미애, 21세기북스, 2017
잠수네 초등 1,2학년 공부법: 영어 수학 국어, 이신애, 알에이치코리아, 2015
정서와 학습 그리고 뇌: 아이는 무엇을 느끼고 어떻게 배우는가, 메리헬렌이모디노-양, 바수데바, 2018
초등학교 입학 준비, 이른비, 황금부엉이, 2017
초등 공부 습관의 힘, 가게야마히데오, 알에이치코리아, 2019
초등학교 1~2학년군 교사용 지도서 국어 1-1, 1-2, 교육부, 미래엔, 2019
초등학교 1~2학년군 교사용 지도서 수학, 1-1, 1-2, 교육부, 미래엔, 2019
초등학교 1~2학년군 교사용 지도서 바른생활, 슬기로운생활, 즐거운생활, 1-1, 1-2, 교육부, 미래엔, 2019
초등 1학년 공부, 책읽기가 전부다, 송재환, 예담, 2019
초등 1학년, 수학과 친해지면 모든 공부가 쉬워진다, 송재환, 예담, 2014
초등 1학년 공부 하브루타로 시작하라, 전병규, 21세기북스, 2019
초등 2학년 평생 공부 습관을 완성하라, 송재환, 예담, 2016
초등 학부모 상담, 김연민, 김태승, 푸른칠판, 2018
크라센의 읽기 혁명, 스티븐 크라센, 르네상스, 2013
포노 사피엔스, 최재붕, 쌤앤파커스, 2019
프랑스 부모들의 십계명, 마르조리물리뇌프, 나무생각, 2017
프랑스 부모들은 권위적으로 양육한다, 프레데릭 코크만, 맑은숲, 2014
하루 15분 그림책 읽어주기의 힘, 김영훈, 라이온북스, 2014
학부모님께 알려드리는 행복한 초등 1학년 생활, 경기도교육청, 2019
한 권으로 끝내는 초등학교 입학 준비, 김수현, 청림Life, 2019
EBS 두근두근 학교에 가면, EBS 두근두근 학교에 가면 제작팀, 북하우스, 2016